新时期新型农民自我教育丛书

杨 茹 宋国恺 主编
尹志超 编著

U0828679

# 农民老板——第一批敢于吃螃蟹的农村人

NONGMIN LAOBAN
DIYIPI GANYU CHIPANGXIE DE NONGCUNREN

中国社会出版社

**图书在版编目（CIP）数据**

农民老板——第一批敢于吃螃蟹的农村人/尹志超编著.
—北京：中国社会出版社，2010.3
（新时期新型农民自我教育丛书/杨茹，宋国恺主编）

ISBN 978－7－5087－3125－4

Ⅰ.①农… Ⅱ.①尹… Ⅲ.①农民—企业家—生平
事迹—中国—现代 Ⅳ.①K825.38

中国版本图书馆 CIP 数据核字（2010）第 026502 号

---

**书　　名：** 农民老板——第一批敢于吃螃蟹的农村人
**编　　著：** 尹志超
**责任编辑：** 彭先芬

---

**出版发行：** 中国社会出版社　　**邮政编码：** 100032
**通联方法：** 北京市西城区二龙路甲 33 号
电话：编辑部：（010）66061704
邮购部：（010）66060275
销售部：（010）66080300　传真：（010）66051713
（010）66051698　传真：（010）66080880
**网　　址：** www.shcbs.com.cn
**经　　销：** 各地新华书店

---

**印刷装订：** 北京华创印务有限公司
**开　　本：** 145mm×210mm　1/32
**印　　张：** 6.125
**字　　数：** 120 千字
**版　　次：** 2010 年 4 月第 1 版
**印　　次：** 2014 年 3 月第 3 次印刷
**定　　价：** 12.00 元

# 新时期新型农民自我教育丛书
# 编写委员会

**学术指导专家：**

陆学艺　钱伟量

**主　编：** 杨　茹　宋国恺

**副主编：** 马晓燕　邓万春　曹晓鸥

**委　员：** 丁志宏　韩作珍　景君学　刘海霞　饶旭鹏
沈　娟　王建民　尹志超　庄　锋

# 前言

胡锦涛总书记指出："中国过去30年的快速发展，靠的是改革开放。中国未来的发展，也必须靠改革开放。改革开放是决定当代中国命运的关键抉择，也是13亿中国人民的共同抉择。"也正是在此种意义上，这30年，是中国摆脱羁绊、创新求变的30年，是解放思想、实事求是的30年，是中国经济高速增长、人民生活水准不断提高的30年，是面向世界、融入全球的30年，更是在全世界的瞩目下，中华民族实现伟大复兴的30年。

1978年，党的十一届三中全会召开，以农村包产到户为标志的改革率先拉开了我国改革开放的序幕。弹指一挥间，改革开放已30年，回眸这30年，可谓历尽时代风云和历史沿革，发生了翻天覆地的变化，取得了令人瞩目的成就。

农业是国民经济的基础，伴随着30年改革开放的春风，中央始终对农村、农业、农民的问题高度重视。30年的改革开放使我国农村面貌发生了翻天覆地的变化，农村经济社会实现了前所未有的大突破、大跨越和大发展。中国农村改革走过的这30年历程，取得了举世瞩目的成就。我们可以把这30年大致划分为5个阶段，即从1978年党的十一届三中全会的召开，到1984年全国普遍实行家庭联产承包责任制，是农村改革的第一个阶段，改革的重点是推行家庭联产承包责任制，废除人民公社制度；从1984年党的十二届三中全会的召开，到1992年初邓小平同志发表“南方谈话”，是农村改革的第二个阶段，改革的重点是推行农产品流通体制改革，调整农村产业结构和发展乡镇企业；从1992年10月党的十四大的召开，到1998年10月召开党的十五届三中全会前，是农村改革的第三个阶段，改革的重点是稳定土地承包关系，减轻农民负担；第四阶段从1998年10月至2008年10月，是农村改革的快速推进阶段，出现了改革力度最大、投入资金最多、效果最明显的一个“黄金发展阶段”；第五阶段则刚刚开始，十七届三中全会发布《中共中央关于推进农村改革发展若干重大问题的决定》：按照依法自愿有偿原则，允许农民以转包、出租、互换、转让、股份合作等形式流转土地承包经营权，发展多种形式的适度规模经营，这将直接促进农村进一步的发展。

5个阶段30年的光辉历程，改革政策惠及了广大人民群众，其中最大的成果之一是出现了农民企业家这个人群。他们是改革的参与者，也是推动者。尽管任何一段历史都有它不可替代的独特性，可是1978～2008年的中国，却是最不可能被复制的。在一个拥有13亿人口的大国里，僵化的计划经济体制日渐瓦解了，一群“小人物”把中国变成了一个巨大的试验场，它在众目睽睽之下，以不可逆转的姿态向商业社会转轨。他们出身草莽，不无野蛮，性情漂移，但坚忍而勇于博取。无可厚非，他们的出现是改革开放造就的，他们的成功是改革开放政策的结果，没有这场改革就不会有这个群体。当然机会总是垂青有准备的人，他们出身农民，虽然没有高深的文化知识，但农民本身天生的那种艰苦奋斗、勤劳聪慧的品质帮助他们在平凡的生活中创造了历史。因而，这些出身“草莽”的企业家无疑都是中国新时期农民的典范，没有这些农民企业家，中国的改革会非常的困难。

所以说30年的历史向我们昭示，我们这个时代是变革的时代，是一个需要巨人而且产生了巨人的时代。中国的改革造就了新一代的企业家。中国农村的改革，产生了一大批农民企业家。

虽说改革造就了企业家，但并不是每个投身改革的人都能成为企业家。时势造英雄，又不是每个人都能成为英雄。改革对每一个投身改革的人取得成功的机遇都是均等的，但要真正取得成功，又是同个人的素质、拼搏向上的精神分不开的。因而，我们在赞扬他们的同时，我们也必须去讨论为什么他们会成为农民、农村中第一批敢于吃螃蟹的人，他们为什么会成为这个时期的英雄，他们是怎样一步步走向成功的。

您通过阅读以下的章节便可以大体上了解这些“草根英雄”们，我们将以讲故事的方式向大家介绍他们的事迹。本书所选的10个模范代表，他们当中有的现在是名副其实的企业家——虽然已经不再拥有农民的身份，但是又确是地道的来自农村、出身农民，例如著名的民营企业家邱继宝、鲁冠球等；有的则是我们社会主义新农村的模范当家人，例如吴仁宝、王乐义等。

无论是企业家还是农村当家人，有一点是相同的，那就是他们都是在30年改革开放实践中从广大农村走出的佼佼者——第一批敢于吃螃蟹的人！我们也可以称他们为“农民老板”。

# 目 录

# 第一章　走出自己的路

——江苏省江阴市华西村原党委书记　吴仁宝

长江之畔，吴越福地。华西村——这个坐落在江苏南部江阴市华士镇的小村庄，成为半个世纪以来社会主义农村建设典型中的一颗耀眼而璀璨的明星。这里有1600户农民成为百万富翁，这里的农民拥有世界上最好的福利和社会保障。这里的农民不仅自己办旅游节，而且还将在田野里建起一座328米高的摩天大楼。全村一年创造540亿元的工农业生产总值，吸引了几万人的打工队伍在这里就业……这就是中国的首富村，这就是一个中国“泥腿子”农民吴仁宝所创造的奇迹。



## 第一节　吴仁宝：“一个普通农民的本色”

吴仁宝，华西村人说他是一个有着50多年党龄、60多年的农龄、70多岁的年龄、100年的工龄的人。这100年的工龄是因为他从不休节假日，每天比一般人至少要多工作4个小时。他，个头不高，一副大大的眼镜，一身“仁宝”牌西装，脚上一双黑布鞋。笑容明净而淳朴，眼睛里满是温暖与慈祥。这是一个地道的苏南农民，这是一个永不褪色的普通农民。我们可以用一张时间表来描述一下他的“从政”之路：

1954.02～1957.11　江阴县华士乡人民政府财粮委员。

1957.11～1961.10　江阴县华士乡23社支部书记、华士公社十七大队党支部书记。

1961.11～1974.02　江阴县华士公社华西大队党支部书记。

1974.02～1975.04　江阴县委副书记、华西大队党支部书记。

1975.04～1981.05　江阴县委书记、华西大队党支部书记。

1981.05～1987.04　江阴市人大副主任、华西大队党支部书记。

1987.04～2003.07　华西村党总支书记、党委书记，华西农工商实业总公司、江苏华西实业总公司董事兼总经理，江苏华西集团公司董事长。

2003.07～　华西集团公司副董事长兼副总经理，华西村党村企总办主任。

他还曾担任江苏省政协常委、全国小康村研究会会长、中国扶贫开发协会副会长、全国“村长”论坛组委会名誉主任。获得过第四届中国发展百人奖等众多的名誉与奖励。

有一位德国政要到华西村参观后，说了这样一句话：“华西村的富裕，让我们亲眼见到了马克思早在100多年前所畅想的那种共产主义和社会主义的真正富裕。”

吴仁宝与华西村究竟是什么样的呢?

《经济日报》的记者李予阳曾在《新农村道路的探索者——吴仁宝》一文中，为我们描述了这样一个吴仁宝：

吴仁宝，那可是华西村里起得最早的人。“起得早，能看到的更多。”他对别人这样解释他的作息习惯。40 多年来，他的一天通常是这样度过的：早上 4 点钟起床，到各个厂里串一串，到田头站一站。来回好几里路，他从来不坐车，都是步行。路上听听中央人民广播电台的新闻和报纸摘要，然后回家吃早饭。党报的头版是必看的内容，然后安排一天的工作。晚上七点半以前的那半个小时没有人去打搅他，那是他收看中央电视台新闻联播节目的时间。晚上依然是他工作的时间。2003 年 7 月，吴仁宝从党委书记位子上退下来担任副职以后，依然保持着 40 年来的习惯。过去华西只有 0.96 平方公里，如今合并了周边 16 个村的大华西有 30 平方公里，走一圈要几个小时。原来的乡间小路和草房早已被别墅住宅小区、工业园区、观光游览区所取代。原来华西村里几百户人家哪一家有几口人，什么脾气秉性，吴仁宝都能一一道来。如今大华西已经有 3 万多人，还有 2 万多外来工，老书记很遗憾，“那么多人，认识不过来了。”毕竟是 78 岁的人了，老伴儿赵根娣有时候不放心，就悄悄在后面跟着他，可是跟着跟着就跟丢了。“他呀，说话快，做事快，走路也快。”老伴说道。“越是年纪大了，越要努力工作，因为回旋的余地没有多少了，改正自己错误的时间不多了，所以更要认真。”吴仁宝说，“我是‘两不停’——脚步不停，脑子不停。我当书记的心得是‘一要经常动脑筋，二要事情做得快’，其实不是超前，但快就显得超前了。”

## 第二节　华西村创业之路：农村改革的先锋

华西村之所以典型，也不仅在于华西创造了数百亿元的产值；吴仁宝之所以伟大，也绝非仅仅是他为华西的发展所作的空前的贡献。在最本质的层面上，华西和吴仁宝的宝贵之处，就在于“华西道路”为中国新农村的发展提供了一种思路，展示了一条途径。

《赢在华西》一书中为我们详细地描述了华西村的过去与它走过的艰辛历程，我们只选一部分出来展现给读者：

1961 年，华西建村，吴仁宝任村委书记。当时，人口 667 人，集体资产 2.5 万元，欠债 1.5 万元，人均分配 53 元，下设 10 个生产队，可耕地 841 亩。当时的华西村，和中国大多数贫困农村一样，土墩洼地星罗棋布，草房瓦房参差不齐，800 多亩地被分成 1200 多块，是远近闻名的穷村，甚至不少人家只有靠出去要饭为生。男的讨不到老婆，女的嫁不出去是常有的事。风调雨顺的年景，勉强填饱肚子，遇上一点自然灾害，村民们就只能在温饱线以下苦苦挣扎了。

“一首华西歌谣唱道：半月没有雨，苗要枯黄；一场连夜大雨，华西的低田又要没掉了。”

“穷够了！”是吴仁宝和村民们想改变华西面貌、改变自己命运的来自内心的呼声。

自从吴仁宝担任村支书，他以一位政治家的信念，坚定了华西的改革方向。时至今日，我们也不得不承认，他是个天生的先行者和智慧的人，是“敢于吃螃蟹”的人。1978 年，当我国全面实施改革开放时，虽然华西村已有了很大的发展，但是，面对波澜起伏的改革大潮，吴仁宝却深深地感到：改革为了前进，前进就要改革。改革开放的每一步，都伴随着对发展常识的重新发现和探索，都伴随着旧思想、旧体制的革除和新理念、新体制的建立。因此，在发展经济、致富人民的过程中，必须坚持解放思想、实事求是，不唯书、不唯上、不唯人，只唯实，听中央的“不走样”，听领导的“不走神”，听老百姓的“不走偏”。正是依凭这种求真务实的政治信念，吴仁宝在华西村的发展路径选择上始终保持着共产党员敢为人先、敢于超越的创新勇气。

1979年，全国推行家庭联产承包责任制。吴仁宝认为，华西村人多地少，工业发达，集体家底厚，分田到户不适合华西的实际。他提出了一个调整产业结构的方案：全村500多亩粮田由30名种田能手集体承包，绝大多数劳动力转移到工业上去。这一做法得到了广大群众的支持，为华西村集体经济的发展壮大奠定了坚实的基础。在当时的大背景下，作出这样的选择是需要过人的勇气的。回过头去看当年，吴仁宝幽默地说：“华西当初之所以没有‘分田到户’，主要原因是听中央的。中央讲‘宜统则统、宜分则分’。从华西来说，既统了，也分了，主要做到‘两句话’：集体重工抓粮，个体修补种养。我们认为，该统的统了，该分的分了，这就叫科学。如果说该统的不统，而去分了，这就是不科学；应该分，你又要统了，这叫勉强去统，这也不科学。”

《经济参考报》2008年9月23日刊发了何洪锡、孙海燕两位记者撰写的一篇特别报道《吴仁宝，中国农村改革的先锋》，文章再一次回顾了华西村的变迁：

从1979年开始，吴仁宝就制定了华西经济发展的战略目标——实现工业化，建设一个新型小城镇。1985年，吴仁宝又提出了“苦战三年，实现三化三园亿元村”（“三化”

是，美化、绿化、净化；“三园”是，远看华西是林园，近看华西是公园，细看华西是农民生活的幸福乐园）的新目标。对此，虽然有人怀疑过，也有人畏难过，但吴仁宝充满了信心。这一年的8月19日，吴仁宝带着村里的100多名农民兄弟，来到南京雨花台革命烈士纪念碑前庄严宣誓：“苍天在上，大地作证，我华西村100多名农民代表有难同当，有福同享，决心苦战3年，目标1亿……”就这样，1988年华西村实现了“亿元村”的既定目标。



20世纪90年代，全国掀起了乡镇企业改制的浪潮，许多地方都在搞企业转制。吴仁宝提出，华西村要搞“一村两制”，村民既可以搞集体，也可以从事个体，但干部不得搞“一家两制”，更不允许搞“一人两制”。这使华西村走出了一条以集体经济为主，多种经济成分并存的多元化、混合型经济发展的新路子。1997年党的十五大以后，苏南乡镇企业改革进入新的发展阶段，有关部门明确提出要“抓大放小”。吴仁宝认为，改制的真正目的是促进生产关系与生产力相适应，调动广大人民群众的积极性，提高企业的效益。他根据村办企业的实际，提出了一手“抓大放小”，一手“抓大扶小”，必要时还要“抓小放大”的改革思路。华西村的改革思路新，有特色，别开生面，既符合中央精神，也符合华西村的实际，调动了各方面的积极性，使大中小各类企业都焕发出新的活力。

如今，华西村没有一家不盈利的企业。2003年8月，吴仁宝提出了“新投项目‘急刹车’、技改延伸项目‘开稳车’、已投项目‘开快车’”的“三车原则”。这和中央2004年提出的宏观调控、科学发展观，不搞“急刹车”、“一刀切”完全一致。华西村的发展在宏观调控形势下不仅没有受到影响，反而取得了骄人的成绩。

吴仁宝以战略家的气魄，打造了华西村的改革奇迹。华西村改革开放30年，可以说成就巨大：改革开放前的1978年，华西的销售是108.93万元，交税是28.18万元，可用资金是55.3万元。30年后的2008年，华西的销售要超过500亿元，交税超过11亿元，可用资金超过35亿元。前后对比，分别增长了45901倍、3903倍、6329倍。30年来，华西累计实现产值1873.13亿元，纯收入129.62亿元，上交税金44.80亿元。其中，1999～2008年为1745.55亿元，这比1979～1988年的10年增长了700.39倍。

刘世英和冯治在《赢在华西》中写到，华西村在经济发展之外的环境美化与绿化同样是有声有色，不同凡响。

华西工业发展了，污染的威胁也不断升级，华西村为了给村民一个干净的环境，不惜重金净化空气，降低噪声，治理污水，处理垃圾。1991年11月，为净化空气，华西村投资100万元，自己设计、建造的煤气厂开始向全村320户农家供气，结束了千百年来传统上用柴草烧水做饭的历史。到20世纪90年代末，华西区域大气环境质量达到Ⅱ级，区域噪声环境质量达到Ⅰ类功能区，生活垃圾处理率近100%。2001年，华西村在全国村级单位中首家通过ISO14000国际环境管理体系认证。

并且从20世纪90年代起，远见卓识的华西人就大力提倡种树，如今华西村共种植毛竹、雪松、香樟及其他花卉2500多亩，全村已经实现近100%的林网化，绿化覆盖面达40%。到今天，大华西的绿化已经达到了875.44万平方米（人均287平方米）。

除此之外，华西村对1万亩山河地进行“三整一建”，即平整道路、整修河道、平整土地，建设中康路、中康桥。从1992年起，华西村又投入了1.5亿元巨资，以华明山为依托，兴建“华西世界公园”。后来新建了一系列特色景点，大力发展旅游业。一个具有民族风格、现代气息、气势磅礴、规模宏伟的“中国江南农村旅游中心”已经形成。

吴仁宝认为，华西的发展始终在于把握好趋势。一方面，觉得有为时，要洞察先机，快人一步，该出手时就出手；另一方面，要认清时势，灵活多变，该放手时就放手，是为不为！



1992年3月，小平同志南巡讲话公布后，吴仁宝当时就预感到，全国经济要有一次大的发展。

这对于华西来说，大发展的机会来了。第二天凌晨2点，他再也睡不着了，立即通知村党委委员、正副村长和各厂厂长到会议室开会。会上，他们分析了面临的机遇，提出华西村要加快发展，进行新一轮创业。为此，村党委作出了多方筹集资金，加快经济发展的决定。半个月内，从干部到群众，从厂长到供销员，有钱的出钱，有力的出力，有门路的找门路，最后，总共借款2000多万元，吸收个人资金入股400多万元，加上自有流动资金，一下子购进近万吨钢坯、1000吨铝锭、700吨电解铜等原材料。当华西人使尽浑身解数，吃饱喝足原材料时，小平同志南巡重要谈话还没有传达到基层。等到3月11日正式传达后，全国立刻掀起了一个加快改革、经济大上的热潮。随之而来，原材料价格迅速上扬。这时有人向吴仁宝建议，把购进的原料卖出，大赚一笔。可他们没有这样做，而是把原材料用于企业的正常生产，保证客户的需求，维护了华西企业的信誉。

后来，外界传说吴仁宝“开一次会议，赚了一个亿”！这次抢抓机遇，为华西村的快速发展奠定了坚实的基础。

1999年，“中国农村第一股”华西村股票在深圳上市，共筹资2.9亿元。由此，华西的发展步伐也迈上了“快车道”，从“以工补农”到“农业高科技”；从“粗纺”到“精纺”；从“普线”到“高线”；从“普钢”到“特钢”；从“华西村”品牌合作，到“无形资产变成有形资产”；从建筑装潢“一条龙”的特色“建筑文化”，到每年接待200万人次的旅游开发，等等。

看到今天的成绩，吴仁宝感慨万千：“华西改革30年，抚今忆昔两重天，实现三农变三化。一是农村标准化，达到了生产发展、生活宽裕、乡风文明、村容整洁、管理民主；二是农业多元化，形成了农业、工业、商业、建筑业、旅游业的新格局；三是农民知识化，已有3000多人具有大中专以上文化，而且有的华西人可以讲七国语言！”

吴仁宝提出了华西特色的社会主义新农村的共富理论：“个人富了不算富，集体富了才算富；一村富了不算富，全国富了才算富。”自2001年6月以来，吴仁宝创造性地提出了“一分五统”新举措，将周边20个村纳入华西共同发展。现在，面积已由原来的0.96平方公里，扩大到35平方公里，人口由原来的1500多人扩大到3.5万多人，外加2.5万名外来职工，组成了一个6万多人规模的大华西。“一分五统”后的大华西，实现了“基本生活包，老残有依靠，优教不忘小，三守促勤劳，生活环境好，小康步步高”。

2001年，国务院、中组部、中宣部、农业部在建党80周年“肩负人民希望”的大型图片展中，称华西为“天下第一村”，称吴仁宝是“天下第一村的带头人”。

2004 年，华西集团 10 岁生日那天，吴仁宝告诉大家：“仅仅 10 年的时间，华西村的年人均工资收入就达到 12.26 万元，人人都达到‘中康’水平了！这是华西集团员工共同奋斗的结果。”2004 年全国农民人均纯收入仅仅 2936 元，城镇居民人均可支配收入也不过 9422 元。华西人的收入是全国农民的 41.76 倍、城镇居民的 13.01 倍！

这之后，或许是应了“天道酬勤”的道理，无数的荣誉也纷至沓来，给华西集团 10 周年庆典献上了最好的礼物：

2004 年 3 月 5 日，农业部乡镇企业局公布的 2003 年全国 310 家大型乡镇企业名单中，华西集团公司名列前茅。

2004 年 4 月 20 日，全国工农业旅游示范点验收组来江阴对海澜集团、华西村的工业游和农业游进行验收。验收组对海澜工业旅游示范点、华西村农业旅游示范点建设情况给予了高度评价。同日，2004 年《中国 500 最具价值品牌》排行榜在北京揭晓，“华西”品牌榜上有名。

2004 年 12 月 18 日，在农业部乡镇企业局等举办的“2004 新时期乡镇企业发展座谈会暨中国乡镇企业十大新闻、十大新闻人物揭晓仪式”上，华西村新任党委书记、华西集团公司董事长、总经理吴协恩荣登中国乡镇企业十大新闻人物榜首。

2005 年，华西集团更是实现产值超过 307 亿元；2006 年，华西集团实现产值突破 400 亿元！这些经济数字的公布使得无数经济学家瞠目结舌，一个农民领导的村庄集团实现的年产值居然已经远远超过了一些大型企业，甚至西部省区的某些地级市！

……

多年来，吴仁宝一直坚守自己定的规矩。他以科学家的睿智，检验了华西村的改革实践。党的十七大科学地总结了改革开放以来的伟大历史进程，将“科学发展观”这一重要思想载入中国共产党党章。对于什么是“科学发展”，吴仁宝认为：“发展最科学，不发展最不科学。有效益，就叫科学发展；没有效益，甚至亏本，就不叫科学发展。如果牺牲环境，把资源弄成‘穷山恶水’，甚至‘没山没水’，就不叫科学发展。只有注重生态、保护环境，才叫科学发展。如果搞低水平重复建设，这更不叫科学发展！”

在农业上，华西的“一产”从30年前的传统农业，发展到高产农业，再到如今集“生态、观光、科技、绿色”于一体的新型农业体系。在工业上，华西不断加强企业的自主创新和产品的自主研发，各企业设立“技术创新奖”，激发人才的创造力。像华西的扁钢，就是一个创新的突出代表。CMC驻英国的总裁、ASD总裁都称：“华西的宽扁钢质量，是中国同类产品中唯一通过CE认证进入欧洲市场的产品，在欧洲也首屈一指！”在商业上，华西村的商业规模不断扩大。1978年的时候，商业收入只有15万元。现在，全年的商业总额已达125亿元，比1978年翻了83333倍。在建筑上，不断做大、做强、做优。2007年，华西村建筑业的营业额达到10个亿。在旅游上，华西村已形成“吃、住、游、娱、购”为一体。特别是自1974年，国家批准华西对外开放以来，已吸引150多个国家和地区的宾客来华西参观、考察。2008年，全村旅游经营额达到1.42亿元。为了保护环境和节省能源，华西人大力发展循环经济和生态经济。早在5年前，就一下关掉了每年能实现上千万元利润的4家化工厂和一个老线材厂。华西在全村建立、健全了环保的管理、监督网络，为环保上好“双保险”。现在的华西村，已经形成了“道路两旁种园艺，又好又美不见泥；白天只见高楼不见村，晚上只见高楼霓虹灯”的特色美景。

早在2006年1月，《经济日报》记者李予阳的文章中写道：

“要办成事情，一定要实事求是”，“创新没有模式”。多年来，华西村的经济以20%的速度增长，发展后劲十分强劲，而资产负债率一直很低。这源于吴仁宝在处理积累与分配制度上采取“少分配多积累、少拿现金多入股”的独特思路。凡村办企业的工人，每人每月只领取50%的工资，其余50%存在企业作为流动资金，到年底一次性兑现。奖金通常是工资的三倍，并不发给职工，而是作为股份投入企业，第二年开始按股分红。对这些做法，一些人不理解。吴仁宝认为，农民办企业要发展壮大，自我积累很重要，不能依赖国家的贷款，更不能搞高息集资，而要增强自身的造血功能。事实证明，从长远看，农民的家底越来越厚，华西村的经济也始终处于良性循环中。

华西村还建立了“注重激励，兼顾公平”的分配制度。“我们既不能搞大锅饭，把人养懒了；也不能搞独吃饭，把贫富差距拉得太大。”吴仁宝说，“搞平均主义，结果会是一样穷。如果贫富差距太大，社会就会不和谐。”

“富了口袋还要富脑袋，物质文明、精神文明都得抓。”吴仁宝说，“华西村的小青年要不教育，会比别的地方的更容易出问题，因为他有钱。”

几十年来，吴仁宝抓思想教育一刻也没有放松过。他的教育心得就是“要贴得近”，利用一切机会教育引导人。华西有户人家，老人超过了100岁，家里37个人每人得了1万元奖金。前些年，有小孩子把村里长廊的灯当靶子打掉了几盏，很小的事，可他很重视，特意召集村民开会。家长们以为吴仁宝老书记要处置他们，他只是说，一个灯要赔两块钱，买回来一块钱，装灯要一块钱，所以家长要赔两块；回去不要打骂孩子，要好好教育他们爱护公共财物。这之后，再没出现过这样的事。

他还善于用中国传统文化来教育农民，因为农民对传统文化最亲近。他用《三国演义》里刘备、关羽、张飞的故事讲团结。用“八仙过海”的故事告诉大家要过海都得有本领，手中有法宝，所以华西要富强，每个人都要学技术学本领。华西村有个特色艺术团，节目取材于华西，寓教于乐，吴仁宝担任团长，并编写了《十富赞歌》、《十穷戒词》和《华西村歌》等。

大华西里，每个村里都有两三个人啥也不愿想，啥也不愿干，一天到晚游手好闲。对这种人，吴仁宝也有“绝招”。他组织这些人到中心村来上培训班，管吃管住，每月还给发500块钱。一个月下来，这些人待不住了，他们不好意思了，要求工作。吴仁宝说，知道难为情就好办。工作两年下来，他们中不少人还要求入党。吴仁宝说：“人啊，尽量不要往外推。推出去，就成了社会不稳定因素。”在华西村，长廊连着小楼，下雨时出门，不用打伞。人走在长廊里，侧耳能听到头顶匣子里播放的当地腔调柔美的传统锡剧，内容是华西艺术团演绎华西历史的曲目；抬头，可以看到中国传统美德的故事、民间传说，停下脚步，细细看，岳母刺字、八仙过海的那些画是很精美的。这一切连同两边掩映的绿树，小桥流水，盈耳的鸟鸣声，构成了一幅很美的画面。

吴仁宝经常说，农村发展的关键是党支部的生命力。那么如何保持党的生命力呢？那就要吸收高素质的年轻人加入。华西村20世纪80年代以前没有出过大学生。要走工业化道路，没有懂技术的人，机器都开不了。吴仁宝实行了万元奖学金制度，奖励青年人考大学。华西村党委副书记瞿建忠，就是当时实施奖学金制度后华西村第一批考上大学的。如今，华西村人上大学已经不稀奇，奖学金制度也变成发给那些没有考上大学的青年的自学成才费。瞿建忠说，自己大学刚毕业那会儿，有点懒散，吴仁宝很耐心地对我们说，“做事情一定要认真，认真就什么事都能做好。”当报纸上还在探讨“农村，为什么留不住人”的话题时，从四面八方涌来的优秀的外地人已经在华西村的土地上扎根多年了。程先敏，这个华西村里的外乡人，每每回忆起自己偶入华西最后扎根华西的经历，就感慨万千：“我来这个村，就跟相对象似的，就是看中了吴仁宝这个人!”程先敏原来是陕西省西安交大的优秀青年教师，偶然到华西参观，被吴老书记一下子给吸引住了，“事业上给舞台、压担子，生活上与华西人一视同仁，在这里我找到了自己的事业，有成就感，我心里暖得很。”



在华西，你会很奇怪，这里有许多操着各地口音的外来人。村委会里党委班子32个成员19个是外地人。华西引进的大中专毕业生达到2000多人，外来的打工者有两万多人。一个小小的村庄，真正做到了“五湖四海”。

吴仁宝说，“老百姓幸福是我最大的满足”。现在，华西人在坚持好字当头、更好更快地发展上，又形成了一个大思路、大规划。像在旅游上，华西村从2008年开始，又在打造以“八个一”为主题的新景点：一幢直指苍穹的“增地空中新农村大楼”（名列世界第15位、74层、328米高），一批依山傍水的“龙东湖小区”和商住一体的“商贸城小区”，一条格局迥异的“商业步行街”，一个意境高雅的“华西美术馆”，一座巧夺天工的“牌坊文化园”，一座古色古香的“孟庙”，一条惊险刺激的“空中索道”，一家设备高端的“健康体检中心”。不仅如此，华西经过多年的自身发展与自主创新，已形成了独具特色的华西文化，每年都要举办“两个节日”：一是3月23日～4月23日的“华西诚信节”；二是10月5日～11月5日的“国际旅游节”。

## 第三节　实事求是　走自己的路

实事求是，走自己的路。2008年，何洪锡与孙海燕两位记者在《经济参考报》中写道：

改革开放30年，华西村以其别具一格的自身特色，蜚声中外，饮誉全球，吴仁宝也被冠以农民思想家、农民哲学家等多项美誉。思路出财路，思维定作为。吴仁宝以思想家的宏阔视野，以求真务实的创新勇气，对构建既契合中央精神、又具有华西特色的社会主义新农村的理论框架进行了积极有效的探索。吴仁宝不愧为中国农村改革的先锋，“吴仁宝精神”为中国农民精神的提升注入了一份自信。这也正如江苏省委宣传部所总结的那样：“实事求是”是“吴仁宝精神”的思想核心，因此他能做到始终在解放思想上先人一步；“追求卓越”是“吴仁宝精神”的强大动力，因此他能做到始终在奋斗目标上与时俱进；“为民造福”是“吴仁宝精神”的根本实质，因此他能做到始终在科学发展上求真务实；“无私奉献”是“吴仁宝精神”的政治品格，因此他能做到始终在前进道路上不畏艰难。我们看到，这种精神在华西村已具体化为一种文化，升华为一面旗帜。由此，我们不能不高声为吴仁宝与华西人喝彩，不能不相信今天的中国农村一定会出现更多个“吴仁宝”，一定会出现更多个“华西村”！



吴仁宝构建了华西特色的社会主义新农村的所有制规范，创造性地提出，改革的目的是为了发展，发展的目的是为了富民；实施何种所有制要联系实际，实事求是，有利于人民，有利于华西村发展。华西村不怕“公有”、“私有”，就怕“公”也没有、“私”也没有。因此，在所有制层面，华西村坚持“公”也有，“私”也有，创造了“公、私”双富有。

《吴仁宝，中国乡村改革的先锋》中为我们描述了吴仁宝规划的华西特色的社会主义新农村的幸福标准。“要搞清什么是社会主义新农村，就要弄懂什么叫‘社会主义’，一句话，人民幸福就是社会主义！100 个人里面，有 98 个人幸福，就是社会主义。华西的幸福，有三条标准：生活富裕，精神愉快，身体健康。这三条一条也不能缺。什么叫生活富裕？楼上地毯，楼下地板，吃水开关（自来水），雨天新村走路不打雨伞。（当然，这还是 80 年代的标准，现在又有了新的提高。比如，现在就不需要长廊了，家家都有汽车了，家里上车走天下。）什么叫精神愉快？家庭和睦，邻里相亲，干群团结，上下齐心。什么叫身体健康？日常增加营养，年老集体保养，孩子精心培养，业余文体形式多样。”

吴仁宝实施了华西特色的社会主义新农村的执政理念。多年来，吴仁宝积极倡导和践行“有福民享，有难官当”，赢得了干部群众的真心拥护和爱戴。他提出：“只要我们做到‘有福民享’，老百姓也不会让我们做干部的穷到哪里去；只要做到‘有难官当’，当真正遇到困难的时候，老百姓也一定会支持我们。”华西村口有一块醒目的标语牌，上面写着吴仁宝的自律名言——“家有黄金数吨，一天也只能吃三顿饭；豪华房子独占鳌头，一人也只占一个床位。”从70年代起，吴仁宝就给自己立下了“三不”规矩：不住全村最好房子，不拿全村最高工资，不拿全村最高奖金。

综上所述，我们再来仔细思考吴仁宝同志在华西村的不可替代的地位和他在华西发展中的作用。

《瞭望》新闻周刊记者汤耀国，曾在他的文章《吴仁宝：走出自己的路》一文中写道：

一个小村庄奇迹般地崛起并长盛不衰，自然可以为其找到许多必不可少的外部因素：改革开放的政策环境、东部地区先行发展的市场空间、吴文化的传统等等。但为什么在同样的政治、经济、地理、传统文化等条件下，独独华西村而非周边的村成了“天下第一村”？

显然，在简化掉诸多外部因素和“劳动人民的集体智慧”等共同因素后，吴仁宝的个人因素便显得至关重要了。从这个意义上说，华西村是幸运的，也是独特的。在解析“如何学习吴仁宝”问题之前，应先厘清“为什么要学习吴仁宝”这一问题。这一问题并不因为吴仁宝是众所公认的“优秀人物”就有足够的自明性，还应回答“吴仁宝式的能人对当前中国农村有多重要”，才更具现实性。因为近年来有一种认识，即农村的“能人时代”已经过去。应当承认，制度、法治、科学管理、民主管理确实是时代大势所趋，但现阶段中国农村的普遍状况有没有达到不依赖“能人”的程度呢？

汤耀国说，从华西村走过的路来看，吴仁宝个人无疑是华西村快速发展的一个关键因素。不仅华西村如此，改革开放年代出现的明星村几乎无不拥有一个明星式带头人，如王宏斌之于南街村等。在依赖能人这一点上，这些明星级农村可谓如今落后或比较落后的农村的镜鉴。明星村大都有两个显著特点，一是发展快，二是组织程度高。有这两点恐怕对能人的依赖度就会上升。因为，要在相对落后的农村，将分散的农户组织起来，光有政府的政策、资金、技术等支持，而无内生力量是难以持续的。而整体素质不太高、组织化程度也不高的发展阶段，没有一个主心骨，没有一个肯于带领大家奋斗的掌舵者，情形是可想而知的。在一个落后的、很小的“熟人社会”内，能人即便不是直接带头人，也会产生示范作用。在很小的“熟人社会”内，老百姓一旦认准了某个能人给大家带头，不单单是易于凝聚，而且能人就在大伙儿的眼皮底下，能与否，贤与否，心中自有一杆秤，监督也更容易。吴协恩能在华西村换届大会上全票继任其父吴仁宝的位置，靠的正是其得到公认的、多年的出色表现。

自然，随着发展，制度、法治、科学管理、民主管理的重要性会越来越重要，但这不意味着领导者作用的削弱，因为高水平的制度建设、法治建设、科学和民主管理，需要高水平的领导者。

吴仁宝曾将华西之道概括为“走有华西特色的社会主

义新农村之路”。“特色”，是常与“典型”相提并论的词。往往最被认为是“典型”的，恰恰就是最具“特色”的。那么，怎么学“典型”？乍一想，或许令人无所适从：学其“特色”？那可是其独有的，学不来；学其“普遍性”？那又是大家都有的，不必学。如果从“器物”或具体经验层面来理解“特色”、“典型”或“普遍性”的话，上述讨论确实无解。

构成华西特色的各种具体经验可罗列出不少：“一分五统”的村庄兼并方式、“一村两制、一家不能两制”的所有制结构、三种分配方式并存、“不土不洋、不城不乡”的建设、全世界独一无二的精神文明开发公司……有哪条是可通用的？可以说哪一种方法都不能直接套用。把华西特色作为华西“模式”来学、想走捷径的人是要失望的。吴仁宝本人就极力反对。曾有人请吴仁宝谈谈对“苏南模式”、“温州模式”的看法，他说“最好不要讲模式”、“我最怕模式”，一讲模式就变成了一刀切，就不能从实际出发。华西村所在的江苏省、无锡市、江阴市三级政府都已先于全国掀起学习吴仁宝和华西村的活动。无锡市委书记曾说过：“学习华西，应结合实际，因地制宜，分类发展，不能简单地照搬照抄。”“要学习其灵魂、精神、经验的精髓。”结合实际学习华西村，这正是华西“精髓中的精髓”：一切从实际出发，实事求是。

吴仁宝说，华西村取得今天的成就靠的是什么？将中央精神和华西村实际相结合。人们列数吴仁宝带领华西村40多年来的发展就可明白，实事求是、立足华西村实际、走有华西特色的社会主义新农村道路，走得何其坚定，也何其不易。从20世纪50年代的“听”到60年代的“顶”、

70 年代的“拼”、80 年代的“醒”，其间风浪无数。“以粮为纲”时期偷偷办小五金厂，“文革”中遭“黑典型”的污蔑，“抓大放小”战略时“抓大扶小”。想想这些事，可能会更好地理解“两头保持一致”、“有富民先享，有难官先当”、“千难万难，实事求是最难”的精彩。

实事求是，一句随处可见的口号，在此又具有何等震撼力。实事求是，吴仁宝用其毕生的努力，给这一马克思主义的精髓、中国革命与建设的根本经验作了何等成功的诠释。



学走“华西的路”还是学华西“走自己的路”？答案应该是很清楚的了！

# 第二章　从铁匠到老总

——浙江省万向集团董事局主席　鲁冠球

2008年9月2日的《中国贸易报》刊发了张牧涵的一篇文章《鲁冠球：商界常青树》。鲁冠球，这位至今都带着浓重乡音的浙江老汉，15岁辍学，做过打铁匠，3年的铁匠生活使鲁冠球对机械农具产生狂热的爱好。他把一间农机小作坊打造成中国乡镇企业的佼佼者，并把持万向集团的方向盘稳步前行，在数不清的桂冠和乡镇企业大多昙花一现的背景面前，鲁冠球奇迹般地成为民营企业家中的常青树。在加入世界贸易组织与国际化大潮汹涌而来之际，鲁冠球再一次成为故事的主角：不仅成为国内第一个为美国通用汽车公司提供零部件的厂商，在2001年8月28日，他还一举收购了纳斯达克的一家上市公司，开创了中国乡镇企业收购海外上市公司的先河。从一个洗脚上田的打铁匠到全球经济一体化背景下的企业家，鲁冠球向我们展示了一个农民传奇般的成长故事。

## 第一节　“铁匠”：鲁冠球

1945年，在浙江萧山钱塘江畔一个普通农家，诞生了一个男孩，他就是日后被美国《华尔街》杂志称为“国家式的英雄人物”的浙江万向集团董事局主席鲁冠球。

谁也没想到，多年后的今天，这个昔日的集体性质的小铁匠铺发展成了拥有100亿资产、30多个全资或控股经济实体，实现了跨国经营的大型企业集团——万向集团，而鲁冠球这个当年一心想改变命运的青年农民也成长为万向集团董事局主席。

“梅花香自苦寒来”也许是对鲁冠球最生动的诠释。当年鲁冠球的父亲在上海一家医药工厂工作，工资收入微薄，他和母亲在贫苦的乡村日子过得很艰难。初中毕业，经人帮忙，鲁冠球被介绍到萧山县铁业社当了个打铁的小学徒。

陈蕾在《鲁冠球铁匠富豪的国际化情结》一文中描述了这位“铁匠”的一些经历：

3年的铁匠学徒生活使鲁冠球对机械农具非常熟悉，也使他对机械设备产生了一种特殊的情感。当时宁围乡的农民要走上七八里地到集镇上磨米面，很不方便。鲁冠球想，如果在本村办一个米面加工厂，一定很受大家欢迎，而且可赚些钱。亲友们得知鲁冠球的这一想法后，都很支持，纷纷回家翻箱倒柜，勒紧裤腰带凑了3000元，买了一台磨面机、一台碾米机，办起了一个没敢挂牌子的米面加工厂。

然而，那样一个年代是禁止私人经营的，鲁冠球的米面加工厂被迫关闭。没过多久，鲁冠球又钻了“停产闹革命”的空子，在铁锹、镰刀都买不到，自行车也没有地方修的年月，收了5个合伙的徒弟，挂了大队农机修配组的牌子，在童家塘小镇上开了个铁匠铺，为附近的村民打铁锹、镰刀，修自行车，生意越做越红火。

1969年，宁围公社的领导找到了鲁冠球，要他带着他的伙伴去接管“宁围公社农机修配厂”。这个所谓的农机修配厂其实只是一个只有 84 平方米破厂房的烂摊子。鲁冠球变卖了全部家当和自己准备盖房的材料，把所有资金投到了厂里，把自己的命运押在了这个工厂的命运上。

陈蕾的文章还写道，鲁冠球接手的时候，宁围公社农机修配厂生产的万向节产品大量积压，没有销路，工厂有半年不能按时给职工发工资了。鲁冠球组织 30 多名业务骨干，兵分几路，天南海北，到处探听汽车万向节的生产销售情况，周旋于各地汽车零配件公司之间，为产品找销路。

当年全国汽车零部件订货会在山东胶南县召开。得到消息后，鲁冠球租了两辆汽车，带了销售科长，满载“钱潮牌”万向节产品直奔胶南。因为是乡镇企业，根本进不了场洽谈业务。鲁冠球说：“那我们就在场外摆地摊。”他与供销科长就把带去的万向节，摊开在塑料布上，摆满一地，一连 3 天。那些进进出出的财大气粗的汽车客商，连眼也不斜一下。鲁冠球想着如何吸引顾客，就派出几人到里面订货会上探个究竟。一打听，原来买方与卖方正在价格上“咬”着，谁也不肯让步。这时鲁冠球就测算着：“假若自己的产品降价 20%，也还有薄利。好！那我们降价。”说着就马上要供销员贴出降价广告。这一下摊前顾客就蜂拥而至。“钱潮牌”万向节质量不比订货会上的差，而且还比许多厂家好，价格要比其他厂家低 20%，一下就过来了不少订货单、要货单。晚上，他们回旅社一统计，订出 210 万元。

鲁冠球这一炮打响了，万向集团开启了它的成功之门。

这位铁匠出身的企业家，1985 年至 1990 年先后被评为全国十大新闻人物之一、当代中国最佳农民企业家、全国首届“经济改革人才奖”金杯奖、全国优秀经营管理者和全国“五一”劳动奖章、第二届全国优秀企业家、全国劳动模范、全国思想政治工作特别奖、全国农业劳动模范；1994年先后荣获全国十大杰出职工、中国经营大师、中国乡镇企业十大功勋之一、中国十佳民营企业家之一、中国改革风云人物等。鲁冠球是党的十三大、十四大代表，第十一届全国人大代表。一分耕耘，一分收获。由于不断学习，并在企业工作中不断地实践，农民出身的鲁冠球在理论上已达到相当的水平，获得了高级经济师和政工师的职称。他撰写了大量的理论文章，已有50多篇论文在《求是》杂志、《人民日报》、《光明日报》、《经济日报》等全国和地方报纸杂志上发表，其中有6篇载于《求是》杂志。1994年，鲁冠球在接受“全国十大杰出职工”颁奖时，当时的中央领导尉健行向李瑞环介绍时说：“鲁冠球十年前我在中组部时，他就是全国优秀党员了，现在又是全国十大杰出职工。他是实实在在干出来的，是经过时间考验的，是真正的社会主义企业家。”时任总理李鹏同志在接见鲁冠球时，曾勉励他说：“鲁冠球，你要好好干，争当世界冠军。”

## 第二节　四十年风雨兼程　“万向”名冠全球

1969年，痴心想当工人以改变贫困命运的鲁冠球，带领几个村民，筹集了不到5000元钱，办起了一个铁匠铺，生产农机具。鲁冠球吸取了从前的“教训”，挂出了“宁围公社农机厂”的招牌，这便是万向集团公司原形。在这段时期，鲁冠球就是靠作坊式生产，生产犁刀、铁耙、万向节、失蜡铸钢等五花八门的产品，在一无足够资金、二无人才、三无管理经验的情况下，完成了最初的原始积累。谁也没想到，40年后的今天，这个昔日的集体性质的小铁匠铺发展成了拥有100亿资产、30多个全资或控股经济实体，实现了跨国经营的大型企业集团——万向集团，而鲁冠球这个当年一心想改变命运的青年农民也成长为万向集团董事局主席。

2005年11月东耳写作的纪实文章《鲁冠球：不老的神话》，为我们详细了解这位商界“常青树”提供了很好的素材。

20世纪70年代末至80年代初，是中国改革开放刚刚起步、经济开始腾飞的火红年代。鲁冠球这时也开始调整战略，放弃“多元化经营”，集中力量专业化生产汽车万向节，企业开始进入“生产专业化、管理现代化”的成长阶段。鲁冠球为万向集团制定了一个行之有效的商业策略：致力于专业化生产及开拓国际主流市场，在专业市场取得领先优势。1979年起开始专门生产进口汽车的万向节，万向集团也由此得名，成为中国最著名的民营企业之一；万向集团立足于制造业，虽然万向节不属于很有吸引力的产业机会，但是鲁冠球一直立足于这个基础。制造业没有太大的风险，并且过去三十年恰好是中国制造业竞争力逐渐显现的三十年。那一年，大江南北、长城内外在国家机械工业部登记的专门生产万向节的企业一共有56户，正好和中华民族大家庭的成员数目对应。56户企业和和美美、团结一致，也不竞争，又不拆台，大家在一个低水平上分享中国市场一块不大不小的蛋糕。而偏偏在这一年，守在钱塘江边，看了几十年钱塘潮奔涌而至、大浪淘沙的鲁冠球下决心再不满足吃不饱、也饿不死的日子，想生产更高级的进口汽车万向节替代产品。国内众多同行听闻此消息一片哗然，人们倒是要看看他这个铁匠铺子能打出怎样的“镰刀头”来。要知道，即便在当时，中国56个厂家里面，虽然产品技术含量、加工能力都不出众，但鲁冠球的手艺在他们当中还是排不上名的。

不久，鲁冠球真就遭遇到了技术瓶颈。但是，他似乎已经对可能面对的难题早有准备。那一年，偏踞于钱塘江边上的小厂厂长鲁冠球撒下人马或亲自三顾茅庐到上海、杭州聘请专家，顶着“挖国家经济墙角、拆国有企业大台”的罪名，从大厂聘请来技术厂长和技术人员。除此之外，鲁冠球下大决心，“砸锅卖铁”也要把原先铁匠铺的原始家当换成先进机加设备……胜败就此一举，前任铁匠铺掌柜鲁冠球满眼血丝、满脸沉重地盯着新找来的大厂师傅在抛光机上将中国第一件替代进口的万向节最后打磨完毕，又转过头眼盯着重金聘请的工程师认认真真地测量产品，并在质量报告上签上大名。鲁冠球悬了大半年的心“扑腾”一下子落下了，可是他没有笑，却悄无声息地哭了起来。

这一年，鲁冠球的万向企业在全国同行业检查评比中排名第一，乡镇小厂一步超越国营大厂夺取全国冠军，也就此成为国家万向节生产的专业定点厂之一。不仅是业内人士，在整个中国都有更多的人开始认识鲁冠球这个雄心勃勃的名字。万向节本来是一种常见的工业产品，可久而久之，日熏月陶，在中国人心中仿佛万向节就是鲁冠球的专利；而一提起万向，人们就立即想到那个满面笑意、余发不丰的小老头儿。

又过了5年，鲁冠球和万向又做成了一件让国人另眼相看的事情。1984年，万向的万向节产品销往美国。这是中国汽车零部件第一次进入汽车王国的市场，因为，美国是这个世界现代汽车工业的发源地和霸主，它的汽车市场本来是轻易不容他人染指的。更何况，1984年的中国国门初开，更多的人们还满足于“老解放”、“老上海”的自豪和自信，从未想过到汽车王国的大本营去分一杯羹呢！万向的举动又在国内外引起了极大的震动，国内外同行们开始对万向刮目相看。那一年，从未走出国门的鲁老板跟着他的万向节飞到美国。在金碧辉煌的纽约街市上，他无暇关注那些金发碧眼的洋人如何舒适生活。从美国回来，他也并未像别人那样用免税指标带电视、冰箱、洗衣机“三大件”。美国汽车太多了，市场太大了，要是有一少半用上我们的万向节那该多好……

东耳的文章中接着为我们讲述了万向的新发展：1994年10月，鲁冠球又做成了一件令同行惊叹不已的大事：万向集团在美国芝加哥独资成立了“万向美国公司”。祖祖辈辈都当农民的鲁冠球开始了梦寐以求的“在洋人的地方，用洋人的资源，做洋人的老板，赚洋人的钞票”的宏伟理想。

以设立万向美国公司为标志，万向加快了企业走出去的步伐。万向在全球60多个国家和地区建立了营销网络，主导产品进入了美国通用、福特等主流品牌的配套生产线。与此同时，通过兼并、收购、联合多种形式，万向先后在美洲、欧洲等多个国家进行市场、技术、人才等资源整合。

人们总是习惯将一项事业发端时的状态与大业已就时的辉煌灿烂纵向类比。如果按照这样的思维逻辑，从鲁冠球茅屋土墙的铁匠铺到今日的“万向帝国”，的确是一个难以想象的跨越。而实际上，这二十年间巨变在横向上的积聚与拓展也同样令人振奋，且更加意味深长。有人评说，鲁冠球在成功之后眼界的变换和对万向发展后劲的看重，表征着中国一代民营企业的枭雄们未来的雄心大志和把握能力。实施走出去战略，不仅使万向成功地走出了一条“资源外部化、经营本土化、产业国际化”的路子，而且使万向人开阔了视野，扩展了胸怀，吸收了国外先进的经营管理理念。鲁冠球最得意的第三件大事看起来并不轰轰烈烈，但寓意非凡。在20世纪90年代，为了给万向营造强大的技术支撑，鲁冠球建立了国家级技术中心、国家级实验室，设立了博士后科研工作站，为万向建起了一支从本科生到硕士生、博士生、博士后的强大科技队伍。2003年，万向集团技术中心在全国302家国家级技术中心综合评比中列第2位，企业自主知识产权拥有量列全国第9位。待到产经界和专家学者们面对洋品牌和与之对应的核心技术急速占据中国主流市场，中国虽然正在向“世界工厂”方向努力，但却可能面对“产业空心化”危机时，鲁冠球和他的万向集团却有理由自信地微笑一回。

作为世界主流品牌汽车厂商的贸易伙伴，万向与客商们建立起了平等互利的协作关系，并赢得了广泛的尊重。

《鲁冠球：不老的神话》中还为我们讲了鲁冠球的一个小故事：

1984年，万向第一次出口美国的万向节产品是由美国多伊尔公司总裁多伊尔下单的。通过与多伊尔公司的合作，万向的产品源源不断地进入美国市场。对万向而言，多伊尔无疑是有“恩”的。

然而，1987年9月的一天，多伊尔公司总裁多伊尔和他的助手来到万向，向鲁冠球提出了一个“垄断性”的要求：凡是万向的产品，都必须经过他们公司才能出品。鲁冠球毫不考虑，一口拒绝。洽谈室里一片寂静，气氛骤然升温。好像是事先约好在这一台戏里扮演“红脸”的那个美国人咄咄逼人地说：“鲁先生，我看你还是签了这个协议更好，否则，我方将削减向贵厂的订货量。那样，对我们双方都十分不利。”演“白脸”的多伊尔则恩威并举：“鲁先生，这里有两种选择。一种是我们向贵厂提供技术、资金、先进设备、市场情报、代培工程师等优厚条件，贵厂的产品由我们独家经销；还有一种是你们可以把产品卖给其他客户，但我们将购买其他地方，诸如印度、韩国、台湾地区的产品。何去何从，悉听尊便。”

鲁冠球强压着心中的激动，一字一板地对他们说：“我厂与贵公司的关系，只能是买方与卖方的关系。其合作的基础是平等互利，共同发展。产品我们愿意卖给谁就卖给谁。至于你们想买谁的产品，我们也绝不干涉。”

多伊尔一下站起收拾起皮包，“很遗憾，我们也许将停止进口贵厂的产品！”听完翻译的话，鲁冠球一股怒火从胸中蹿起。他也高傲地说：“那请便！多伊尔先生，倘若你在世界各地找不到比我们价格更便宜、质量更好的万向节，我们随时欢迎贵公司前来洽谈重新合作事宜。”

谈判不欢而散。不久，一份措辞严厉的函件出现在鲁冠球的办公桌上。美方在信中说，万向的产品存在质量问题，需要检验，检验费由万向支付。随即，原已定下的46.5万套万向节的订单锐减至21万套。在信中，多伊尔还不忘提上一句：“只要签订独家经营合同，检验费和削减合同等都可以重新考虑。”

多伊尔公司的行为，给万向带来了前所未有的困难。数十万套万向节积压在仓库，资金流转出现了困难，企业效益直线下降，曾经过着热火烹油一般热闹生活的万向工厂甚至半年开不出工资……

然而，憋着一口气的万向迎难而上，在很短时间内，开发出了60多个新品种，并且打开了日本、意大利、法国、澳大利亚、西德、中国香港等18个国家和地区的市场，当年创汇140万美元。鲁冠球要以实力证明，没有多伊尔公司的订单，万向照样玩得转！



性子挺急的美国人连半年都没有憋到，那一年圣诞节前，一辆豪华轿车驶进了杭州万向节厂。下车来的正是多伊尔和莱比。他们共同捧着一只铜鹰，放到了鲁冠球的办公桌上，“鲁先生，我们敬佩您精明、强硬的性格。愿我们双方的事业像鹰一样腾飞全球。”多伊尔歉愧地对鲁冠球说。那一天，双方又重新签订了供货合同。

至今，那只铜鹰仍放在鲁冠球的办公桌上。

是时事将当年在钱塘江边上趁热打铁的鲁冠球改变成了一个放眼大千世界的企业家。而且，随着这个国家和他的“万向事业”向世界不断开放与拓展，鲁冠球也在不断修正着自己对世界的视角和着眼点。

就在20世纪90年代，让“老外”给咱们打工的说法所潜蕴的狭隘民族主义意识还是中国人津津乐道的快意追求，在当时，鲁冠球时常挂在嘴上的一句话还是“挣外国人的钱为荣，使万家致富为乐”。而今，他已改口为“整合国际资源”。其改口的背景是，万向已经成为一家国际化的跨国公司。

东耳在文中写道，至2004年年初，万向已在全球拥有

31家公司，其中独资和控股的有18家。像美国的百年老店洛克福特、纳斯达克上市企业UAI等国际知名企业也已纳入其合作伙伴之列。“万向制造”已通过全球60多个国家和地区的营销网络，遍布全球市场。2003年，万向实现营业收入152亿元。2004年，正是距万向首次将产品打入美国市场20周年，距万向第一家海外公司万向美国公司成立10周年。当年铁匠铺的“鲁掌柜”说，这是值得万向好好庆贺的一年。

经过20年的实践，鲁冠球已经认识到，真正的企业国际化绝不是仅仅把产品卖到国际上去。不但要方方面面和国际接轨，还要实现中外人员融合、中外资本融合和中外文化融合，从而达到最大限度整合国际资源的目的。

目前，万向集团已实现“三个接轨”：接轨跨国公司运作，充分利用跨国公司资源；接轨国际先进技术，在美国和中国分别设立技术研发中心，保持与国际汽车主机厂同步开发；接轨国际主流市场，通用、福特、克莱斯勒、大众等国际主流品牌厂商都是万向配套的客户。只是，鲁冠球很清醒，万向想要真正实现中外人员融合、资本融合和文化融合，还需要一个漫长的过程。在这样的条件下，鲁冠球首先考虑的是人力资源结构的国际化。在万向美国公司现有职工中，中方员工只有6名，其余920多名员工都为外籍员工。万向欧洲公司、南美公司，包括总经理在内的主要管理人员都委托当地中介机构向当地社会公开招聘。

拥有100亿资产、31000名职工，日均创利润400万元的万向企业掌门人眼下并不像人们想象的大企业家那样满天飞、全球跑，或者事必躬亲、不让毫厘地算计谋划，鲁冠球说他现在大多数时间气足神闲地泡在万向总部的办公室里品味精品龙井的醇香，他已经很少过问企业生产、经营和市场开拓方面的具体事务了。他的主要精力放在两个方面，一是用好人，二是对大事的最终决策拍板。而这两件事关系到一个巨型企业的核心竞争力。鲁冠球的孙子说，他爷爷没事就在办公室里转地球仪。他儿子半开玩笑地说，老爹老了老了，还要恶补一回世界地理课程。鲁冠球哈哈一笑，坦而言之，“我这是在为万向企业走向世界选择厂址。哪里有市场，哪里有资源，哪里劳动力成本更低，我们就去哪里设厂。”如今，美国、英国、德国、加拿大、澳大利亚等国家，都有鲁冠球麾下的公司。



资本国际化是企业国际化的最终标志，也是跨国公司发展的一种高级形式。2001 年，万向成功地收购了在美国纳斯达克上市的同行企业 UAI 公司，开创了中国民营企业收购海外上市公司的先河。同时，万向美国公司先后与花旗、美林等世界著名的金融机构建立了长期的合作关系。而 2003 年在美国创建的“万向制造基金”，更使一批政界、商界和金融界知名人士成为“中国万向”的长期股东。

1994 年 1 月 10 日，是鲁冠球终生难忘的日子。经过 7 年的奔走呼号，万向钱潮股票终于在深圳上市交易，万向成了中国首家上市的乡镇企业。

在当时，上市是国有企业的专利，对于民营企业是想都不敢想的事。而鲁冠球早在 1988 年就“异想天开”，筹划上市。也许，万向并不十分需要从股市“圈钱”、赢得资本，万向兜里的人民币和美元已经足够应对扩大生产资本投入和其他事业发展。但是，上市公司名号后面还有好大一块无形资产，正值蒸蒸日上的万向，迫切需要的是按照国际惯例，建立起公开、规范的现代企业制度。经过努力，

1989 年，万向成了全国的股份制试点企业之一。

尽管当时万向的业绩和其他条件是公认的，但就是因为姓“民”不姓“国”，因此在 1992 年万向的上市努力被拦腰一刀斩断，上市计划被国家有关部门无情否决。而 1992 年，也正是中国遭遇政治风潮之后，经济社会改革暂时沉寂，正在积蓄力量，以求形成更加宏大巨浪狂涛的关键时分。这一年，邓小平再度视察南方，这位睿智老人切中时弊的寥寥数语点中了中国改革不可逆转的要点，也再度激起了鲁冠球从未死心服输的大志雄心。他加快了为上市奔走的步履。1993 年底，万向上市方案终于在高层得到批准，万向钱潮股票 1994 年 1 月在深交所挂牌、开盘。

上市公司的知名度和美誉反过来促使万向企业的社会声誉及影响大大增强，与之相伴，客户纷至沓来，市场节节推进。曾经名不见经传的中国乡镇企业——万向，正是在这一年一举敲开了美国的市场。

有人问，为什么有那么多“企业明星”在改革与市场经济的大潮中滚鞍落马、大起大落，而偏偏是没有什么“实力背景”的鲁冠球长盛不衰、处惊不乱，博得了“常青树”的美名？

在万向总部宽敞明亮的董事长办公室里，鲁冠球将他 30 年的筚路蓝缕、折冲樽俎归结成三个基本原则：

首先即是紧紧咬住主业，力争做精做大做强。万向的主业是汽车零部件，在这个领域我们有技术、市场、人才和公关优势，同时，将相关的法律法规掌握得比较熟，相关的政策吃得比较透，因而风险较小。在这一亩三分地无论怎么折腾，我们也有八分胜算。万向产品从一个零件、一个部件到系统集成模块方向发展，形成了以汽车底盘系统为主的8大系列上万个品种，主导产品产量居国内第一，在国内市场占有率达65%以上。这表明万向产业的规模优势已经初步确立。

二是掂准自身的力量，量力而行。这几年，建材、能源等行业烧起了一把又一把火，许多企业经受不住高额利润的诱惑，纷纷踏入这些行业，而万向却至今没有涉足。其实，我们也曾想搞电厂、钢厂项目，但分析来分析去，就是因为这些项目投资大，企业又缺乏这方面的专业人才，超越了万向现有的力量，因而最终都没有上马。我们的经验是：企业的成功不在于发展速度有多快，而在于减少甚至避免失误。一个致命的决策失误可以导致一个企业前功尽弃。

三是牢牢把握国家的产业导向，非高技术、高附加值产品不做。在万向，有许多令人称奇的现象。如，万向的效益尽管每年以25.89%的速度增长，但已6年没有在他的大本营萧山征用一寸土地。这说明万向的发展，已经跳出了传统的模式，不再依靠量的扩张来实现，而是更倚重于质的提高。这样，国家每一次宏观调控，万向就多一次机遇。因为万向的产业都不是宏观调控的对象，而是具有先导性、前瞻性的朝阳产业，符合国家的产业导向，因而往往能够得到宏观政策更有力的支持。

## 第三节　改革，造就农民企业家

我们这个时代是变革的时代，是一个需要巨人而且产生了巨人的时代。

如果说中国的改革造就了新一代的企业家，那么中国农村的改革，产生了一大批农民企业家。中国的改革是从农村开始的。中国农村的改革，波澜壮阔，底蕴丰厚，影响深远。在这个伟大的历史潮流中，涌现出许许多多的改革人物是毫不奇怪的，是历史所使然。“时势造英雄”这一历史唯物主义命题的正确性，在中国农村改革中，又一次得到了新的验证。

陶铠先生曾经在《改革造就农民企业家——兼论鲁冠球的改革与成才之路》一文为我们提出了问题，也做了解答。

在农村改革人物的行列中，农民企业家站在了前头。他们是中国农村新生产力的代表，是发展农村商品经济、建设社会主义新农村的带头人。杭州万向集团的鲁冠球就是他们当中的佼佼者。研究鲁冠球，研究他改革与成长的道路，就可以更实际地了解和探索到中国农民企业家的成功之路，可以窥见他们是在怎样的历史条件和社会环境中成才的。

中国是个有着灿烂的古代文化的国家，历史上文化名人层出不穷，但是，企业家少之又少。在近代，虽然企业家并非绝无仅有，但农民出身的企业家几乎是“零”。

只有在党的十一届三中全会之后，农村改革风起云涌之时，才出现了农民企业家，才在浙江省杭州市萧山县的宁围乡出现了鲁冠球。他们是农村改革的产物。他们的产生与农村改革的大趋势密不可分。我们只有把他们放到中国农村改革的大背景下，放到党的十一届三中全会以后中国农村的特定历史环境中来考察、观察，才可能得出正确结论。

拿鲁冠球来说，在青年时代，他也是有理想、有抱负的。他初中毕业后种过田，当过小学教师，1958 年进工厂当过学徒。六十年代初因国家暂时困难被精简回乡，又从事个体修自行车。1969 年与人合伙办起了一个农机修配厂，1974 年改产汽车万向节。可是直到 1980 年，他还是背了一身债，亏空整整 4000 元。为了维持生产的发展，他曾经不惜变卖自己的家产，把祖传下来的房子都卖掉了。一个农民，为了自己和他人的生存和发展，拼搏多年，结局是负债累累，这不很值得深思吗！这不是很实在地说明改革的必要吗！不改革，中国农民就没有生路，又怎么能产生农民企业家呢？

陶铠在他的文章中说，改革造就了企业家，但并不是每个投身改革的人都能成为企业家。时势造英雄，又不是每个人都能成为英雄。改革对每一个投身改革的人取得成功的机遇都是均等的，但要真正取得成功，又是同个人的素质、拼搏向上的精神分不开的。鲁冠球土生土长在中国农村，但又不受中国农村传统封闭状态的局限；他产生于乡镇企业，但他的视野又不受乡镇企业的局限；他立足于社会主义初级阶段这个现实，又具有远大理想。这或许是鲁冠球及一切农民企业家成功的秘诀。

这里，提出了一个问题，作为一个农民企业家，究竟应具备什么样的素质，才能在改革的环境中成才？我们还是循着鲁冠球成才的轨迹来探寻这个问题的正确答案。

有人曾狭隘地将企业家理解为按盈利原则把经济要素组织起来从事经营活动的人。其实，这并不是企业家。只有具备了企业家精神的人方可称为企业家。企业家应以经营能力为基础，以企业家精神为最高象征。

那么什么是企业家精神，鲁冠球是否具备这种精神？《改革造就农民企业家——兼论鲁冠球的改革与成才之路》

为我们总结了四条：

一是追求卓越建树的精神。在改革开放的社会环境中，一个企业面临着多方面的挑战，而最大的挑战是激烈的竞争。要想在竞争中谋求成功，企业家就要有远大的目光，有应战的勇气，有过硬的功夫。早在1980年，当时的机械工业部对全国56家生产万向节的厂子进行验收，通过验收选择几家好的厂子作为机械工业部的定点生产厂。当时全国生产万向节的乡镇企业只有鲁冠球一家。一个乡镇企业要不要同其他大厂家竞争，鲁冠球当时考虑，如果光顾眼前利益，这是很危险的。于是，他主动地按照大企业的六条标准来整顿。但是，他们当时连六条标准是什么都不清楚，只有想尽一切办法把整顿国营企业的条例弄到手，按照对国营大厂的要求来整顿乡镇企业。他们首先从管理着手抓质量，按图纸组织生产，按标准检查质量，一丝不苟，不合格的不出厂。对已经发往用户的产品，他们组织了30个人到各地去访问，不合格的背回来，一下子就背回来3万余套。

他们把这3万余套不合格的产品当废品卖掉，一下损失43万元。这43万元的代价是昂贵的，但它换回来的是质量第一的思想，是产品的信誉。当年全国同行业检查结果，鲁冠球得了99.4分，中了状元，被定为中国汽车工业总公司三家定点厂之一。一个乡镇企业在同行业竞争中稳住了脚跟，跻身于先进行列。

二是不断创新的精神。对于企业家来说，没有创新能力，这是一个致命的问题。创新能力包括两个方面：一是创造新思想，构思好主意的能力；一是实践新思想，开拓新局面的能力。鲁冠球所追求的不只是企业的最大利润，而是要创造乡镇企业的最新意义。他创办乡镇企业不只是为了经济意义，而是在着力寻求一种新的社会意义。

早在20世纪80年代，鲁冠球在企业获得发展和利润的同时，他就在考虑如何使群众共同勤劳致富。他把万向节零件的粗加工全部扩散给全乡各个村加工，先后在本乡办起了九家分厂，安排近千名农村闲散劳力，每年能创90万元利润。他还在考虑如何减轻社会负担的问题。他把全乡的残疾人组织起来，由万向节厂出资金，出设备，出技术，办起了一个残疾人福利工厂，生产包装材料，使残疾人自食其力。鲁冠球办这些事时总是想，我这个企业带头办起来，影响其他乡镇企业仿效，就会形成一种社会力量，促进农村向现代化的方向发展。



三是尊重知识、尊重人才的精神。作为一个农民企业家，他当然是商品生产的组织者、经营者。他所追求的目标显然是财政目标。但是，许多有作为的企业家并不把财政目标作为价值观念的主体，而是把它当作衡量企业成败的一个尺度。许多企业家都认为造就人才比实现利润更重要，其意义在于尊重知识、尊重人才，鼓励人们施展才干。人才越多，越有利于企业财政目标的实现。鲁冠球正是这样一位有远见的企业家。20多年前就在万向集团刚刚开始腾飞之时，他就投资几十万元办起了职工学校，每年都有几百人参加常年学习。选送了44名职工到5所大学定向培养。6000元一个，共花了36000元“买”来了6名大学毕业生，商调进来了13名技术人员。到现在万向建起了一支从本科生到硕士生、博士生、博士后的强大科技队伍。2003年，万向集团技术中心在全国302家国家级技术中心综合评比中列第2位，企业自主知识产权拥有量列全国第9位。

鲁冠球深懂知识的价值，也就是人才的价值。因此，在万向集团知识分子的工资待遇比普通职工高，脑力劳动与体力劳动报酬倒挂的问题得到解决。这一点也是具有启发意义的，值得认真加以研究。

四是在处理重大原则问题上的辩证精神。中国的乡镇企业处在改革中的农村环境之中，处在新旧交替的矛盾斗争之中，各种复杂的情况，要求农民企业家看问题、想事情都要考虑各方面的关系，正确处理这些关系，力求辩证和全面，任何偏颇都可能带来失误，使企业无立足之地。

只有把开拓精神和辩证精神结合起来，在中国农村的文化背景下，农民企业家才能不断创业，使企业蒸蒸日上。鲁冠球在处理国家、集体与个人三者关系，企业与国家的关系，眼前利益与长远利益的关系，物质文明建设和精神文明建设的关系，一部分人先富和共同富裕的关系以及企业的公共关系方面，都给人留下了深刻的印象。这里只举一个例子。早在 1983 年鲁冠球开始承包杭州万向节厂，承包后，产值和利润每年以 55%和 76%的速度增长，按照合同，到 1985 年他可获得奖金 45.9 万元。在 20 世纪 80 年代中期，这笔钱可是一个天文数字。可他却把奖金都反馈给了企业和社会，展现了一个共产党人、一个农民企业家所应有的风度。

改革使鲁冠球这样的农民企业家创造了非凡的业绩，也使他的人格不断完善，精神境界不断升华。鲁冠球式的农民企业家推动了农村的改革和经济发展，使人们看到中国农村的希望。历史也正是在人才与环境的相互作用中发展着，前进着。

我们不得不为鲁冠球叫好，为中国农民叫好！

# 第三章 “冬暖式大棚蔬菜之父”

——山东省寿光市三元朱村党支部书记 王乐义



“现在，三元朱村的蔬菜畅销全国各地，并出口到十几个国家和地区。2006年，该村集体收入达3560万元，农民人均纯收入10300元。如今的三元朱村，村容村貌、村风村俗又是一番新景象。100多栋连体别墅排列有序，道路全部硬化绿化，干净整洁，路边竖立着太阳能路灯；村中敬老院、幼儿园、超市一应俱全。在村头，一位老大娘说起王乐义来感激不尽：‘乐义再忙也忘不了俺这些老人，每到过节，他领着干部给俺送新棉被、毛毯、寿糕，还做新衣服、给钱花。’在三元朱村，70岁以上的老人都享受着这样的待遇。”

这段文字摘自2007年10月9日《人民日报》第二版上刊载的文章《王乐义——不断向新境界攀登》。王乐义是谁？下面我们就来认识一下这位地地道道的老农民。

## 第一节 王乐义：癌症病人撑起农民的一片天

《科技日报》的孙明河和魏东两位记者曾经这样写道：早在20世纪90年代初，一场以种植冬暖式大棚蔬菜为标志的“白色”浪潮席卷中国北方大地，被称为当代中国农业的第二次革命。这一壮举不仅结束了我国北方冬季吃不上新鲜蔬菜的历史，同时也把亿万北方农民脱贫致富的梦想化为现实。而这一壮举却和山东的一个普通农民紧紧地联系在一起。他点燃了这一科技“星星之火”，使其形成燎原之势。因此他被大家尊称为“中国冬暖式大棚蔬菜之父”。这个人就是三元朱村的党支部书记王乐义。“20 年前，三元朱村还是个穷得叮当响、出了名的‘要饭村’。全村 800 多人口，1250 亩耕地，其中有三个埠子岭，面积 300 亩，种菜菜不长，种粮粮不收，很多村民以乞讨为生。当时的姑娘如果不会要饭，找个婆家都困难。”村民徐德新的一段辛酸回忆，让我们感受了曾经的三元朱村是何等的落后。

除此之外，《今日信息报》记者季颖在《爱在奉献中升华》一文中也有这样的记载：1978 年 5 月，王乐义被确诊为直肠癌，手术后比正常人多了一件东西——粪便袋。当年 9 月，三元朱村党支部改选，王乐义被全村党员推到了台前。他说：“我是个随时都可能摺倒的半拉子人，但我决不是随时都会放弃奋斗的人。我不知道我能活几年，但我知道活一年就要把这一年的活干好，能活十年就干十年!”带病上任的王乐义清点了一下全村的家业：四个小队两辆破车，10 头牲口瘦得要飞，大都不能上犋拉套；固定资产仅有 9000 元，公共积累 2800 元。

“有穷根可以拔掉，有困难可以克服，谈穷而退缩就不是真正的共产党员。让老百姓过上幸福生活，是一名共产党员的责任!”贫穷让王乐义更坚定了一定要带大家致富的信念。王乐义上任的第一件事就是带领乡亲们改造埠子岭。

他硬撑着病身子带领支部一班人和全体村民大干三个冬天，前后打了两眼井，栽了400多亩果树，分到各家各户。3年见果，4年有效益，5年大丰收。当时果品市场很走俏，仅此一项，亩产效益就达到上千元。到1986年，村里最多的户年收入达到5000元。仅果树一项，全村人均就可得300元，解决了温饱问题。

林果虽好，但是前景并不可观。不能形成规模种植，单靠几百亩杂果，只能是小打小闹；成熟的果子只能在当地市场上自产自销。工人月月挣工资，农民为什么不能让土地月月产钱呢？怎样才能让乡亲们过上更好的日子呢？这个问题在王乐义心里一装就是好几年。

1988年的腊月二十八日，王乐义的堂弟王新民提着二斤顶花带刺的鲜黄瓜来看他。“这黄瓜多少钱一斤？”“别看这黄瓜平日里不值钱，可是在这冰天雪地的寒冬里，这二斤黄瓜怎么也值二十块钱吧。”堂弟的一句话一下子把王乐义长时间憋在心里的疙瘩解开了。“领着乡亲们搞反季蔬菜，说不定就是一条很好的致富路子啊！”

……

从此，王乐义走上了他的“反季蔬菜”之旅。到2007年三元朱村实现经济总收入3600万元，农民人均收入1.07万元，村民各项存款2300万元，在2007年中国名村300强中位居第25位。

## 第二节　浓浓绿色情　拳拳富民心

自从在腊月里看到堂弟手里的鲜黄瓜开始，王乐义就开始了他的绿色富民之旅。

《今日信息报》的记者季颖的文章《爱在奉献中升华》，《中国特产报》铭星、高鹏、石磊等记者朋友的文章《社会主义新农村建设的好带头人》，为我们讲述了王书记的富民之路。

1989年的春节刚过，48岁的王乐义打听到黄瓜产自辽宁省瓦房店时，就再也坐不住了，大年初六就带着村里的7名党员骨干，带上干粮下了关东，直接上门取经。第一次去，吃了闭门羹；第二次去，人家还是不松口。王乐义就是不罢休，刚出正月，他又第三次来到那个小山村。人家问他碰壁撞墙都不回头，图啥？他诚恳地说："俺们村穷，就是想学点技术让乡亲们过上好日子。"同去的村干部向东北菜农介绍说："这是我们身患癌症的村支书，他不是为个人发家致富，而是想带领全村百姓拔掉穷根啊。"这个对亲姐夫都不曾松口的东北菜农终于被王乐义这个执著的山东汉子感动了，"就凭你老兄对乡亲们这份心，我破例把技术教给你。"就这样，王乐义冒着严寒，废寝忘食，苦学一个月，终于掌握了这门新技术。

学成归来，王乐义根据本村的自然生产条件反复试验，不仅熟练掌握了学到的大棚技术，而且对大棚从方位、墙体、棚顶结构、大棚骨架、覆盖薄膜5个方面进行了大胆改革，终于建成了深冬不需加温的冬暖式蔬菜大棚。这时已是1989年8月，王乐义决定立即上实体大棚。可是无论他怎么做工作，就是没人建。因为建一个大棚需要万余元，对刚刚解决温饱问题的村民来说，拿这么多钱本来就比较困难，更何况还是头一次搞，风险相当大。但王乐义认为，这把帮助群众富裕的"金钥匙"不能丢。于是，他号召全村17名党员干部先打头一炮。看个别党员干部信心不足，王乐义便耐心细致地做工作："革命战争时代，党的任务是领导群众打天下；和平建设时期，共产党员的最大责任就是带领群众共同致富！搞大棚虽然风险很大，但咱们都面对党旗宣过誓，这个风险咱不担，谁担？"

17个大棚要占36亩地，8月份必须育苗。当时，正是玉米抽穗的时候，再有一个月就收成了。砍玉米群众有意见，王乐义也心疼，毁坏青苗还是违法的事情。他知道，这是一件风险很大的事。但他心里合计：干工作前怕狼、后怕虎，没有一点敢闯敢试的劲头，什么也干不成！为了让乡亲们早一天过上好日子，党员干部必须带这个头，冒这个险！就这样，17个大棚很快在村北的大田里建了起来。

1989年8月13日，17个大棚破土动工。12月24日，第一批越冬黄瓜上市，市场交易每公斤20元，卖到春节还不落价。王乐义，这个再苦再累都没哭过的汉子，在没人的时候偷偷流下了热泪。17个蔬菜大棚最低的收入2.07万元，最高的收入3.03万元。以前全村没有一个万元户，这次一下冒出了17个！而且17个都是"双万元户"，全是党员户！

到第二年5月初，村民们眼热了，心动了。日光温室大棚成功了，乡亲们主动找上门来，王乐义就让种大棚的17名党员分工包片，责任到户，手把手帮着乡亲们建大棚。第二年，全村就建起了181亩大棚，平均一户一亩多。就这样，领着乡亲们大干了一年，当年银行存款就猛增到了128万元，全是大棚户存的钱。

冬暖式大棚的成功，使三元朱村人尝到了甜头，但王乐义并没有因此而止步。为使大棚种植技术不断改进和完善，在他的倡议下，村里投资100万元，建起了集科研推广、物资服务、科普培训于一体的科技大楼，从中国农科院、山东农业大学等单位长期聘请专家教授进行技术指导，并派人到日本、荷兰学习引进新技术、新品种。几年时间，就有国外100多个蔬菜新品种在大棚里安家落户。1992年，成功地进行了无公害蔬菜生产试验。1993年，大棚桃、葡萄、杏、甲鱼、螺旋藻开发获得成功，亩收入都在10万元以上。近几年，王乐义又瞄准了发展现代化农业。1996年，试验成功了集大棚滴灌、模板护墙、电动卷帘、钢架支撑、微机控制于一体的新一代高标准大棚。1997年，开始大面积开发绿色食品蔬菜。1998年，与哈慈集团合作投资1000万元，对大棚保健菜进行了试验开发。2000年，三元朱村人均纯收入达到7500元，全村户均存款达到10万元。到2006年，农民的生活初步达到了小康标准，全村实现经济总收入3560万元，人均纯收入10000元以上，银行储蓄余额1800万元，集体固定资产2600万元。到2007年三元朱村实现经济总收入3600万元，农民人均收入1.07万元，村民各项存款2300万元，在2007年中国名村300强中位居第25位。

冬暖式蔬菜大棚的试验成功，一传十、十传百，引起了寿光乃至山东全省、全国的关注，很多地方来聘请王乐义做顾问，学习这项技术。而且越来越多的外地人都找上门来要求学技术。一听说要外传技术，许多村民不约而同地找到王乐义，“乐义啊，你受这么大难为，才为大伙找到了一把‘金钥匙’，可不能轻易传出去。咱先封锁3年，等‘发’起业再说。”可王乐义心里想：没有党的好政策，哪有三元朱村的今天？当初不是人家把技术无私地传给我，我们三元朱村人怎么能有这把“金钥匙”？再说党号召共同富裕，咱们富了，怎能忘了全国的农民兄弟。他拿定主意：一定要说服党员群众，把大棚技术传出去！

党员会上，王乐义情恳意切："我们是党员，就要考虑大多数群众的利益，咱不能自己富了就不管别人。外地的农民兄弟跟咱一样想致富啊！"

工作终于做通了，王乐义全身心地扑到了推广技术上。1990 年，县里成立了冬暖式大棚推广领导小组，县委书记任组长，王乐义在技术上负总责，在全县 27 个乡镇巡回指导。最紧张的时候，一天跑十几个乡镇、四十多个村。晚上回到家，他经常累得上床都费劲，早晨起来脚肿得连鞋都穿不上。王乐义的妻子一边帮他穿鞋，一边落泪……终于，这一年的心血没有白费，全县共建起了 5130 个大棚，全部成功。仅种大棚蔬菜这一项，当年全县增收 6000 多万元。

第二年，他又指导建起了 1 万多个大棚。如今寿光市以大棚蔬菜为主的蔬菜生产已发展到 74 万亩，年产蔬菜 35 亿公斤，收入 30 亿元，成为名副其实的"中国蔬菜之乡"。王乐义同时把目光投向了全国。10 多年来，他的足迹踏遍了长江以北 11 个省、市、自治区，举办了 3000 多期技术培训班，发放科普书籍 8 万多册、录像带 5000 多盘，毫不保留地把技术传给了千家万户。

他走到哪里，致富的脚印就延伸到哪里。1993 年 5 月，新疆维吾尔自治区的一位领导同志到三元朱村考察，对王乐义说："新疆一年有 8 个月吃菜从外地运，你能不能帮我们新疆发展大棚蔬菜？"没过两个月，王乐义就带领 6 名技术人员到了新疆哈密地区，帮助他们搞起了 26 个大棚。次年，王乐义又带着 42 名技术员再次进疆，从南疆到北疆，一路走一路传授技术。短短几年，冬暖式大棚已遍及天山南北，新疆人吃菜基本上实现了自给自足。

王乐义对党有着深厚的感情。他从小就向往革命圣地延安。1995年5月，延安地委书记和专员到三元朱村考察，他们说："乐义啊，延安要有你们这个样子就好了！你能不能派人去帮着我们搞大棚?"王乐义一口应承下来。1995年7月，王乐义去了老区延安。按照日程安排，到达后的第二天，要为全地区一千多名党员干部、技术骨干讲课。由于长途跋涉，非常劳累，夜里发起了高烧。他一边打吊瓶输液一边以坚强的毅力持撑身体。第二天早上，饭也没吃，喝上解热止痛片，王乐义按时来到会场。从上午九点到下午一点半，硬撑着，他整整讲了四个半小时。报告结束后，全场掌声雷动，王乐义想站起来鞠个躬，却一下子晕倒了……

王乐义这次应邀到延安讲课，所见所闻深深地打动了王乐义。回到三元朱村，他立即召开了党员干部会说："延安是革命圣地，为革命作出巨大贡献。但现在群众仍没有摆脱贫困。延安需要发展大棚蔬菜，我建议选一个技术好、能吃苦的党员去，工资和路费由村里出。"几天后，党支部成员王佃军带着村里无偿提供的蔬菜种子和农膜等材料，赶到了延安市甘泉县虎皮头村，很快就帮助建起了几十个蔬菜大棚。后来，王乐义又向延安增派了技术员，使延安的大棚蔬菜生产迅速发展起来。目前，三元朱村有160多名技术人员常年在外传授技术，其中27人被当地聘为科技副乡（镇）长，2人被聘为科技副县长。

对外地来三元朱村学习参观的，王乐义更是敞开大门，来者不拒，热情相待。将近20年来，先后接待了来自全国各地的学习参观者 70 多万人次，为外地培训技术员 2700 多名。特别是对贫困地区和个人有难处的，总是有求必应，倾心相助。1992 年 4 月，四川省峨眉山市的一个小伙子，借钱来到三元朱村学习。没地方吃饭、住宿，王乐义就把他安排在自己家里吃，住在村办公室，学完回家时，又亲自掏钱给他买上了价值 400 多元的种子、农膜和农药。小伙子回去后，大棚搞得很成功，收益非常好。小伙子逢人就夸："多亏了山东的王乐义大叔。"1996 年 4 月 12 日，云南省怡梁县下岗工人段云华、段云良姐弟俩，千里迢迢来到三元朱村，流着泪向王乐义诉说了生活的艰辛。王乐义安慰他们说："放心吧，你们这就是到家了。"特意为他们在村委会大院安排了食宿，指定了教师。姐弟俩在三元朱一住就是两个月。学成后，王乐义又给他们寄去了 130 公斤豆种。一茬下来，姐弟俩收入 7000 多元。他们写信给王乐义说："在您身上，我们不仅学到了技术，也学会了做人。"

除了南来北往的人，还有大量的信件寄给王乐义，每月都有上百封，有人要学技术，有人要讨资料，有人要买种子……他坚持每封来信都编上号，认真回复，一一满足他们的要求。

王乐义受到人们的爱戴，不仅因为他创造了蔬菜种植的奇迹，更因为他具有高尚的人格和无私奉献的精神。

王乐义成年累月传播大棚技术，但他家里却没种大棚。不是他不想种，而是他没工夫种。他说："我没有大棚，是想让大棚发展得更多、更好，让更多的老百姓尽快富起来。"为了选准蔬菜品种，他把自己的果园当成了试验田，从外面带来的蔬菜种子让老伴先试种，成功了传授给大伙，失败了自己承担损失。

王乐义常对村里的干部说：“我掂量，光顾自己不能当支书。自己身不正，肚量不大，没有替别人着想的心，怎么能让人家服气？当干部的只有堂堂正正做人，心里时时装着大家，才有号召力。”有件事王乐义一直不愿提及。1979 年 3 月，公社里考虑到王乐义带病没白没黑地忙活，就把一个招工指标分给了他的大女儿，但王乐义想到村里的年轻人都眼巴巴盼着出去当工人，就把指标让给了别人。女儿知道后想不开，喝农药自杀了。面对亲人的责怪，王乐义既像是自责又像是辩解：“谁家的爹娘不疼孩子？是孩子小，不懂事啊！”

王乐义常说：“钱这东西，生带不来死带不去，看重了是命，看轻了是纸。对共产党员来说，能为群众办事才是根本。”自担任村支书以来，他没占用过集体一分钱，还把应该属于自己的钱拿出来为集体和他人谋福利。多年前，寿光市因推广大棚技术奖给他 2 万元，他分文未取。1996 他到北京得了 1 万元的“龚如心农业奖励金”，会议期间就到了中国农科院买了 3600 元的蔬菜种子。回来的路上，得知天津有一项无土栽培芽菜的新技术，就到那里交上学费，买了材料、种子，又请了技术员，回村里搞试验，自己只剩下 2.6 元钱。王乐义一年的工资是 4000 元，加上老伴侍弄的果园收入，在村里属中下等水平。他出去传授技术，山南海北地转，从不要人家一分钱，人家觉得过意不去，给他点茶叶和香烟，他都拿到办公室，招待四面八方来参观学习的客人……

“做人就要做王乐义那样的人。”这是村里家家户户教育后生们常说的话。高尚的人格、无私奉献的精神，使王乐义成为村里威信最高的人。他说话大家听，讲理群众服，做起思想政治工作来人们信服。

多年来，王乐义苦心钻研大棚蔬菜种植技术，热心传播致富之道，被誉为“绿色使者”。他外出传艺，走到哪里，哪里就敲锣打鼓地欢迎他。新疆和田市的干部群众赠给他一块铜匾，上写十六个大字：“乐在授艺，义满和田，恩比东海，情结昆仑。”



王乐义带领乡亲们走上了致富路，为社会作出了突出贡献，党和政府给了他很多很高的荣誉，被授予“全国优秀共产党员”、“全国劳动模范”、“全国十大优秀科技人才”、“全国农业科技推广先进工作者”等荣誉称号，并被连续推选为党的十五大、十六大、十七大代表，三元朱村党支部也连续 24 年被省、市、县授予先进基层党组织。

## 第三节　科技意识与诚信为本，造就“乐义”品牌常青

当初，三元朱村人亲手培养了一批又一批竞争对手，但将近二十年过去了，他们在全国蔬菜行业仍然遥遥领先。这都得益于王乐义的科技意识，从大棚里生产出第一根黄瓜那天起，科技创新的脚步就一刻也没有停止。

现在，因他而崛起的寿光蔬菜博览会成为展示蔬菜种植技术的百花园。2 米长的丝瓜、1 米长的黄瓜，在蔓上结的红薯，水里长的南瓜，树上长的西瓜、西红柿……让人眼花缭乱。气体施肥、立体种植、无土栽培、水培……国内外的先进种植技术济济一堂。寿光的蔬菜种得越来越神奇！

《市场报》的记者张晓晶在《王乐义：地道农民的科技情结》中写道：对于各种新技术，王乐义从来不照抄照搬。例如在对蔬菜大棚的改造上，他借鉴外省市的经验，对原有大棚进行了5项技术改革：一是把墙体从原来的30厘米加厚到1米，这样可以挡住北方地区冬季凛冽的寒风。二是模仿老花镜的原理，把两个山墙直线型的斜坡改为中间起高的拱形，让大棚薄膜中间往外凸起，前后坡度由25度增加到45度，增大采光面。三是采用无滴膜，透光率由45%增大到85%。四是采用黑籽南瓜嫁接技术，这样产出的黄瓜抗寒不烂根，生产周期长。五是把大棚的方位由正南方改为朝南偏西5度。大棚技术试验成功以后，有位前来参观的教授绕着大棚转了好几圈，问："你这个大棚的方位不对吧？"王乐义嘿嘿一笑说，深冬季节，在这里上午10点到下午3点以前光照最好，经过多次用罗盘表测量，正好是正南偏西5度。教授听了恍然大悟，说："这个问题专家也没有认识到，没想到让你这个农民解决了。"

王乐义就是这样一位爱琢磨的土专家。刚开始在大棚里种黄瓜，是用竹竿作支架，但挡光，一个大棚的竹竿并排起来能遮阴17米。怎么办？王乐义整晚睡不着觉。一天晚上，他灵光一闪，猛地从床上跳起来，撒腿就往大棚里跑。后来，他用塑料绳代替竹竿，不仅不遮阴，还省钱，一分钱的塑料包装皮能架两棵黄瓜，而一毛二分钱一根的竹竿只能架一棵黄瓜。类似这样的小发明、小革新，王乐义搞了很多。凭着富民的使命感以及一种农民的智慧，王乐义最终成为蔬菜大棚的技术高手。

早在1990年底，一位国家领导人视察三元朱村的大棚蔬菜后，对王乐义说："你们靠科技取得了很好的效益，要在这个基础上再进一步，向无公害蔬菜发展，争取蔬菜出口。”

啥是无公害蔬菜？王乐义不懂。不等过完年，他就直奔济南，找到山东省蔬菜研究所。谁知，这里没有开展此项研究。这一次济南之行，虽然没有具体了解到无公害蔬菜的技术参数，却使王乐义对无公害蔬菜有了一个基本的认识，他这才知道种菜的讲究多着呢！他一定要不惜一切代价把无公害蔬菜搞出来，要让消费者吃得放心！



在专家的指导下，1992 年，无公害蔬菜在三元朱村首次开发成功。后来，他们建起了从寿光到北京的优质蔬菜“绿色通道”。2001 年，三元朱村的 300 亩大棚被农业部授予国内首批“无农药放心菜生产基地”，他们的菜摆进了北京的大型超市。

记者张晓晶说道：为了保持技术上的领先水平，占领蔬菜生产的“制高点”，从 1991 年以来，王乐义带领技术人员不断进行技术创新，在农业高新技术开发、利用上做了很多大胆尝试和积极探索。1992 年，在北京农业科学院王宪彬教授的帮助下，无公害蔬菜首次在三元朱村开发成功，并取得国家质量监督局发放的无公害农产品标志证书。2001 年，三元朱村被农业部授予国内首批“无农药残毒放心菜生产基地”。这一年，王乐义以自己的名字注册了“乐义”牌蔬菜商标；2002 年，三元朱村发展了无公害蔬菜基地 5000 亩，建成有机质、生态型、无土栽培型蔬菜基地 2000 亩，产品都达到了 A 级或 AA 级标准。在经营方式上，王乐义大胆决策，采用公司连基地、基地带农户的产业化经营模式，设立无公害蔬菜基地服务站，统一管理，统一收购，统一销售，检测合格的蔬菜统一用“乐义”商标。这样一来，蔬菜有了保证，价格也提高了20%。现在，三元朱村的蔬菜还漂洋过海出口到了欧洲人的餐桌上，蔬菜质量全部达到国际标准。

这些年来，三元朱村先后与中国农科院、山东农业大学等7个科研单位和大专院校挂钩，长期聘请9名专家教授当顾问，帮助进行新品新技术的实验开发，不断提高大棚的科技含量。1996年，三元朱村成功运用大棚滴灌、模板护墙、电动卷帘、钢架支撑、生物防治、微机控制等多项技术，建立了高标准大棚。1997年，王乐义决定大力开发绿色食品蔬菜，派人到日本、荷兰学习蔬菜种植、管理新技术，先后引进乌克兰大樱桃、黑宝石李子、太空椒等国内外26类320多个名优品种，试验推广了有机蔬菜、无土栽培等20多项种植技术，使三元朱村的蔬菜生产技术十多年一直在全国农村处于领先地位。有人说三元朱村的大棚里可成了“蔬菜联合国了”。王乐义说，他的“蔬菜联合国”来之不易。

让我们深感敬佩的是，一个60多岁的农民为求新技术，竟一次又一次地走出国门！当年，他带着大棚里产的高品质蔬菜去国外寻找商机，可是人家挑出的毛病让王乐义匪夷所思：东南亚人不喜欢黄瓜有刺，俄罗斯人嫌西红柿切开后流汁。原来，人家的食用方法和我们不同，黄瓜当水果吃，西红柿切片拌色拉以生吃为主。吃法不同对蔬菜的品质要求自然也就不同。王乐义明白了。很快，无刺黄瓜、果肉型西红柿从大棚走向了外国人的餐桌。

除了科学意识以外，王乐义始终把诚信作为立身之本。早在2001年，他就组织村民开展了诚信创建活动，引导群众争创文明信用蔬菜基地、文明信用菜农、文明信用农业龙头企业、文明信用经营业户。正是三元朱村的诚信氛围，培育出了“乐义蔬菜，实实在在”的三元朱村蔬菜品牌，给群众带来了实实在在的效益。

农民王乐义把科技致富的星星之火燃遍了中国北方大地，创造出了一个绿色奇迹。而他个人靠勤学苦干也成为一名专家，走上了大学讲堂，还与许多外国专家同台讲课，这在中国农村也许又是一个奇迹。



新华社记者吴增祥的《浓浓绿色情，拳拳富民心》一文，帮我们把时间再次回溯到 2005 年 4 月 7 日。这一天对王乐义来说是一个永生难忘的日子，胡锦涛总书记来到曾经掀起中国农村绿色革命的三元朱村。胡锦涛总书记关切地问王乐义：“品种这么齐全，蔬菜质量有保证吗?”王乐义回答：“完全按国际化标准生产，都是纯绿色蔬菜!”

在三元朱村一个普通的蔬菜大棚里，胡锦涛总书记称赞说：“王乐义这个头带得好！农村基层党组织和党员的先进性，就是要体现在带领农民致富上。”从大棚里出来，总书记再次握住王乐义的手，说：“王乐义同志，你们的蔬菜搞得这么好，你要把技术多向贫困地区传播，让那里的农民增收，让咱们中国 8 亿农民都达到小康。你要带好头，起模范作用!”

临上车，总书记又一次同王乐义紧紧握手，语重心长地嘱托着：“乐义同志，我嘱托你两件事。第一件，你要把技术一如既往地向全国传授，让更多的农民增收。我们国家有 8 亿多农民，农民达不到小康，我们国家永远也进不了小康社会。这件事非常重要。第二件，你要培养人才，培养人才要从基础做起，首先要把农村小学办好。我们国家有了人才，就兴旺发达了。”

王乐义庄重地表示：“请总书记放心，我们村党支部一定带领乡亲们把事情办好．为社会作出新贡献！”

……

王乐义的故事会给您带来宝贵的启示。

# 第四章 “乡村都市”的带头人

——河南省刘庄原党委书记 史来贺



刘庄，在中国的地图上找不到它的名字。但是在河南乃至中国农村的发展历程中，它却有着显赫的声名。它昔日曾是个“方圆十里乡，最穷属刘庄”的村庄。在史来贺带领下，50多年后，这里已经成为一个富裕、民主、文明的现代化社会主义新农村。若非身临其境，无论如何都无法想象一个小小的村庄能够每家每户住上装修精致的漂亮的别墅，早早过上了城里人向往已久的新生活。

“这哪里是农村，简直就是一座完整的城市。”参观了刘庄村新建的现代化农民公寓的人都会有如此感叹。据介绍，新建的现代化农民公寓，每户四层472平方米，人均120平方米。每户都配有中央空调、宽带网、花园、现代化家具、闭路电视、电话、车库、集中供热供气等，设施设备齐全。

一位村民感慨地说，能够有这样好的生活条件，是党的好政策给村里带来了实实在在的实惠，是自力更生、艰苦奋斗、勤俭创业的结果。村民也表示十分怀念老书记史来贺。史来贺把毕生精力都献给了老百姓，值得人们永远怀念。

## 第一节 史来贺：毕生奉献给刘庄的老支书

在2008年11月20日的《河南日报》上，记者李力与董建矿写道：提起河南新乡刘庄，就不能不提史来贺。史来贺和刘庄，被誉为豫北黄河故道上一株同根并蒂的参天大树。史来贺从1952年起担任刘庄的村党支部书记，到2003年去世，在这个位置上，史来贺整整奉献了51年。史来贺被中共中央组织部与雷锋、焦裕禄、王进喜、钱学森等的名字并列在一起，被誉为新中国成立以来在群众中享有崇高威望的共产党员的优秀代表。刘庄从20世纪60年代起成为全国的先进，经济一直稳步发展，到如今成为社会主义新农村建设的一面旗帜。史来贺和刘庄，共同创造了一个奇迹。

《史来贺和刘庄：一个人和一个村》中记载，1952年12月，年仅21岁的史来贺当选为刘庄村党支部书记，挑起了带领全村人治穷致富的重担。从任村支书的那天起他就立下誓言："跟党走，拔掉穷根，让老百姓过上好日子！"从1953年开始，史来贺带领刘庄人车推、肩挑、人抬，起岗填沟，拉沙盖碱，用了整整20年，把刘庄周围的低产田、荒地改造成了现代化农业园区。他潜心研究棉花种植经验，使皮棉平均亩产量达到当时全国平均产量的3倍，刘庄也因此一跃成为全国的先进典型。

为了使农民尽快富裕起来，史来贺早在20世纪70年代初，即把发展重点由种植业转向工副业，开始生产汽车喇叭，并由此带出一批有一定技术含量的加工型企业。刘庄人自豪地说，咱刘庄在70年代就有了市场经济。

党的十一届三中全会后，史来贺带领刘庄在河南全省率先跨入了“小康”行列后又开始向高科技进军，建起全国最大的生产肌苷的华星药厂；进而又建起生产潘生丁和青霉素系列产品的分厂，使企业向多元化发展。从这时开始，刘庄迎来了集体经济发展的黄金时期。

如今，刘庄已形成医药、淀粉、机械、农场、运输、商业及酒店 7 个产业。2007 年上缴国家税金 1.9 亿元，人均 11.5 万元，出口创汇 1.14 亿美元。2008 年年底试生产的绿园药业项目总投资达到 10 亿元，生产半合青和头孢类产品，投产后年营业收入将达到 20 亿元。



有人说，史来贺是一个谜，这个谜，一是指刘庄的经济一直稳步向前发展，一是指史来贺这面红旗 50 年不倒。

实际上这个谜底是很容易“猜”出的。他当书记后一直按群众平均水平拿工分，上级给的补贴工，他一个也不要。村里的第 20 幢新楼盖好了，史来贺还住在合作化时盖的又低又破的旧房里。他说：“只要咱村还有一户没搬进新房，我心里就不踏实。”6 年后刘庄住宅楼房全部盖齐，史来贺才和最后一批群众一起搬进了新居。

李力与董建矿的文中写道，史来贺很早就成为全国劳模，而且又当了 20 多年的全国人大常委，但史来贺一如既往地朴实：

素来光头，布衣布鞋，粗喉大嗓。最舒坦的事，就是光脊梁在雨地里扑腾，或是热馒头蘸辣椒酱就白开水。他平时喜怒都挂在脸上，不掖不藏。

2003 年 4 月，史来贺病重，从北京协和医院转到新乡中心医院后，他昏迷了 9 天。9 天中，全村男女老少彻夜痴立在他家的门口，默默祈祷他们的好书记。4 月 23 日，他们的老书记永远离开了这个世界，这一天也成了刘庄人永难忘记的一天。

史来贺生前手边常备三样东西：书、收音机和笔记本。这个戴着老花镜的小学生，经常捧着经营管理、生物工程、微生物学的书籍向人讨教。他爱学习、爱思索……

《河南日报》记者王钢的长篇人物通讯《大地丰碑》中，认为史来贺这个典型的最大特点是坚持。始终把发展生产放在首位，这是坚持；始终把老百姓的利益放在第一，这是坚持；无论地位、名气如何变化，始终本色如一，这是坚持；爱学习、爱思索，这也是坚持。坚持，让史来贺超越常人；坚持，让史来贺熠熠生辉。

## 第二节　看刘庄近60年辉煌与30年改革开放的飞跃

丁先军、丁利敏曾经在《中华魂》上撰文《带领农民共同致富的好书记史来贺》，为我们描述了史来贺同志与刘庄的发展。

刘庄地处黄河故道，解放前土地瘠薄，旱涝成灾，好年景粮食亩产只有100来斤，皮棉亩产20来斤。全村114户，有68户常年靠扛长工、逃荒要饭过日子。1942年闹荒灾，一年就饿死72人。解放前，刘庄穷得叮当响。黄河故道给刘庄留下4条3米多深的荒沟和人称“耷拉头”、“侧楞坡”、“盐碱地”、“蛤蟆窝”的荒芜土地。从刘庄扎村到解放初期，已有500来年的历史，人们祖辈受穷，没能改变贫穷的命运。1949年，刘庄棉花亩产只有10来公斤，粮食亩产50来公斤，全村年总收入3.9万元（按现在币值），人均年收入40元。

文中记载，解放后，刘庄开始寻求治穷致富的办法。1952 年 12 月，年仅 21 岁的史来贺当选为刘庄村党支部书记，从 1952 年担任书记，到 2003 年去世，在这个方圆 1.5 平方公里的土地上，史来贺整整干了 51 年。

史来贺从当时实际情况出发，带领大家首先从农业抓起，先解决群众穿衣吃饭的温饱问题，稳定人心。他清楚地看到刘庄要提高粮食棉花产量，最大的障碍就是恶劣的自然环境与条件；不搬掉这个“拦路虎”，刘庄农民就依然要在贫困线上挣扎，刘庄就迈不开实现富裕的第一步。



他从当选那天起就立下誓言：“跟党走，拔掉穷根，让老百姓过上好日子。”1953 年，史来贺响应党的号召，先后带头成立了互助组、初级社，使刘庄走上了组织起来的集体化道路。集体化道路为农民群众创造了前所未有的发展机遇。史来贺紧抓这个机遇，带领全村人从 1953 年开始向改变生产条件的目标进军，打响了平地改土的战斗，全村男女老少一齐上。当时生产工具十分落后，只能靠车推、肩挑、人抬，起岗填沟、拉沙压碱。干了一段时间，有的人看到效果不明显，就想打退堂鼓。史来贺坚定地说：“社会主义天上掉不下来，地上冒不出来，别人也不会送来，只有咱大伙齐心协力、艰苦奋斗、自力更生干出来!”他带领大家不迟疑、不退缩地干，光平整土地就干了 20 年，投工 40 多万个，动土 200 多万方，硬是用自己的双手把 700 多块高低不平的土地改造成 4 块大方田。搬动的土方要是一方方接连摆起来，可以从北京排到广州。在平地改土的基础上，史来贺又带领群众开河挖渠，修桥建闸，打井架电，硬化渠道，推广先进技术，提高粮棉产量，增加农民收入，实现了农业生产的大跨越。

在实现刘庄农业由低产变高产的过程中，史来贺不满足老经验，决心钻研新技术，取得领导生产的主动权。1957年春，他扛起行李，把办公室搬进棉花试验田。在那里，他不顾风吹日晒、夏暑冬寒，反复进行试验。当年，刘庄实现了皮棉亩产53.5公斤、粮食亩产215公斤的好收成，创造出有史以来的最高水平。刘庄一跃成为全省和全国的先进典型。在全国棉花会议上，周恩来总理紧紧握住史来贺的手说："希望你们高产再高产，彻底改变贫困面貌，给全国树立个榜样！"周总理的话，激励着史来贺和刘庄人不断进取。

丁先军、丁利敏写道：早在20世纪60年代中期，史来贺就从生产实践中认识到只搞单一的农业生产，农民很难富裕，必须走农林牧副渔全面发展的道路。刘庄不靠山，不靠水，在资源和交通上也是"困难户"，史来贺和刘庄人选择了与农业相关的畜牧业这个突破口。1964年，他用90元钱从新乡买回来3头小奶牛。这3头小奶牛又瘦又小，走路少气无力。有人问史来贺："这到底是牛还是羊呀，您可看好，别让老鼠给拉走……"史来贺笑着对大伙说："有苗不愁长，没苗愁断肠，走着看吧！"后来他又从泌阳买回6头驴。由于当时村里集体的底子太薄，缺钱，这几头驴都是"处理品"，都有点小毛病。于是有人编了个顺口溜："提起泌阳驴，笑破人肚皮。六驴七只眼，还有前栽蹄。"这是说买的驴连瞎带瘸。史来贺正是从喂养这3头小奶牛和6头驴开始，在村里发展畜牧业，由小到大，直到建成具有相当规模的畜牧场，成为全村发展商品经济的突破口。接着，史来贺又率领机械厂的职工因陋就简，土法上马，研制小喇叭。他3天3夜不睡觉，获得成功，产量也与日俱增，由日产1对、5对，发展到50对、100对，年产30000对。质量也好，可与上海生产的小喇叭在市场上争雄，因而畅销全国各地。从此，刘庄村办企业迅速发展，先后办起了面粉厂、冰糕厂、食品厂、造纸厂等，集体经济实力在逐步增强。

1978年党的十一届三中全会以后，史来贺乘着改革的东风，努力创业，为民造福。1985年，根据本村经济情况、技术能力，通过广泛的市场调查和科学分析、论证，史来贺决定建一座高科技的药厂。建药厂风险大，有人担心打不到狐狸惹一身骚。史来贺满怀信心地对大家说："事在人为，路在人走，业在人创。不创就没有业，创大业，作大难；创小业，作小难；小创业，穷作难。咱一定能干成。"他领着大伙自力更生，用不到一年的时间，建起了华星药厂，生产医药原料肌苷。在农村搞生物工程，标志着刘庄企业从劳动密集型向资金、技术密集型的转变，标志着产品由低技术粗加工向高技术精加工的转变。1988年，这个厂产值达3000多万元；肌苷产量占当时全国的50%，是全国生产肌苷的最大厂家，每年可为国家节省外汇1000多万美元。随后，刘庄华星药厂快速发展，现在已发展成为拥有肌苷、青霉素钾盐、青霉素钠盐、抗生素粉针、红霉素、溶剂、热电等8个分厂，能生产多种原料和成品药的企业。青霉素分厂成为河南省首家、全国第三大生产青霉素的外向型厂家。在此基础上，又根据国际、国内两大市场的需求进一步调整产品结构，把企业做大做强。

现在，华星药厂已成为全国最大的青霉素原料药品生产基地之一。随着集体企业的小断发展壮大，集体经济实力逐年增强，对国家的贡献逐年增多，农民收入逐年增加。

《带领农民共同致富的好书记史来贺》文中写道，史来贺谈他当书记的体会时说：“集体有，跟着走；集体空，没人听；集体富，群众富，走的才是社会主义路。”这话说的很实在。史来贺领导的刘庄，走的就是共同富裕的社会主义康庄大道。史来贺认为，要贯彻执行好党的路线、方针、政策，既要吃透上边的精神，又要吃透下边的情况，把党的方针政策与实际结合好，特别要注意在“接口”上下工夫。50多年来，他就是本着这种原则，扎扎实实，一步一个脚印走过来的。十一届三中全会以后，全国大多数农村实行了家庭联产承包责任制。而刘庄决心从实际出发，寻找一种适合刘庄经济发展的责任制形式，这就是“综合经营，专业生产，分级管理，奖罚联产”的联产承包责任制。事实证明，这种责任制形式适合刘庄的情况。后来，一位中央领导同志到刘庄调查后给予了高度评价。

是1978年改革开放的春风鼓起了刘庄前进的风帆。他们实行农工商并举，办起造纸、食品、化工、制药等14个工厂，各业生产稳定、协调发展。1980年，刘庄率先跨入“小康”行列。1990年，全村工农业总产值5000万元，比1978年翻了四番多；公共积累累计达到4700多万元，比1978年增长7倍多；人均集体分配2200元以上，比十年前增长6.3倍多。户均存款在2.5万元以上，300户农民全部搬进集体统一盖的双层楼房，人均住房面积23.7平方米。家家都有电视机、电冰箱、洗衣机等家用电器。给群众提供看病、住房、洗澡、用水、看电影等社会福利，免费给老人小孩定量供应鲜奶。每年夏天，刘庄的冷饮室免费定量供应每人三个月的冷饮；小孩从小学到高中，学杂费也由集体负担。村上没有偷盗、赌博、违反计划生育现象，没有封建迷信活动。这只是1990年的情况。

到2003年，全村工农业总产值达9亿元，固定资产10亿元，资产负债率小于4%，出口创汇3478万美元，人均纳税3.4万元。集体现金分配人均8000元，还享有住房、上学、医疗等30多项福利；农民实际人均收入1万多元，户均存款20万元以上。家家有彩电、冰箱、空调、摩托车等全套家用电器。



《经济日报》记者王伟曾撰文写道：2005年，刘庄村企业销售收入近9.5亿元，出口创汇4000多万美元，上缴国家税金5489万元，年人均集体分配现金9000元，村民享受的福利待遇由过去的10项提高到42项。村民住进集体统一盖的双层和五层住宅楼房，人均住房面积35平方米。刘庄实现了农业现代化、农村工业化、经济市场化、农民知识化、生活城市化。

《史来贺和刘庄：一个人和一个村》一文让我们“看到”了2008年刘庄的一个农民家庭：

“这是一户在刘庄很普通的人家。一个小院、地上二层外加一个地下室和车库，住房面积为472平方米的新型别墅。2005年2月时，和其他159家先期住进别墅的村民一样，女主人一家5口除了购买家具和家电，别墅以及屋里的东西像中央空调、闭路电视、宽带、煤气暖气、整体橱柜等全由村里免费提供。重阳节村里还会请老年人在刘庄大酒店吃饭，发放水果和糖。”

记者李力、董建矿写道，现在的刘庄基本都已经住上了这样的新房；全村357户、1677人享受多达40多项的公共福利，小到米、面、油，大到房屋建设、看病补贴、孩子上学等费用，全部由集体“埋单”。65岁以上的老人每月有500元的养老金。刘庄无闲人，所有18岁以上有劳动能力的村民，全部安排在村办集体企业上班。只有19个人在村里1000亩土地上从事现代化的农业生产。

村内社会保障体系也不断完善，建立健全退休保障制度和医疗保障制度，村内退休人员除享受各项福利外，每人每月发放300元的退休金，退休党员和65岁以上退休人员另发50元补助金，未成年人每月发放20元的生活补助。全村群众全部参加了农村新型合作医疗，村民除享受新型合作医疗的各项优惠政策外，村内再给予30%～40%的报销比例。农民居住条件进一步改善。到2008年底，别墅新村一期完工，刘庄所有居民全部搬入，实现从20世纪70年代的一层楼房、90年代的五层单元房到现在新型智能化、花园式别墅的住宅“三级跳”。同时加大村容整洁力度，建立长效机制，并配置物业管理、清洁保洁队伍，使公共服务得到有效管理。刘庄的村民文化生活也有声有色，逢年过节还请国家、省市艺术团体来演出。可以说如今的刘庄人的生活，已离传统意义上的农民生活距离甚远。从昔日的盐碱地到今天的田野上的城市，刘庄的变化可谓沧海桑田。

除了经济条件的极大改变以外，刘庄还十分注重提高村民的文化知识。《共产党人的楷模——史来贺（上）》中写道，早在华星药厂正式投产不久，有一次因为清理发酵罐的工人疏忽大意，干完活后忘了插上皮管，下一班工人向罐内输入的培养基被排入了地沟，等于半小时流走1000元钱。按常规，出现这样的事情，对违反操作规程的工人进行批评、处分，使大家引以为戒也就罢了。史来贺却想得更深更远：提高刘庄人的科学文化素质，比建设10个华星药厂更为重要。史来贺对干部们说："农村现代化需要农民知识化，没有农民的知识化农村现代化的基础不牢靠。"培养造就有文化、懂技术、会经营的新型农民，是建设社会主义新农村的迫切需要。因此，刘庄村注重在办好基础教育的同时采取"送出去，请进来"的办法，举办长短相结合的专业培训班，培养技术骨干和科技能手，使外部资源和内部资源得以有效地利用与开发。与此同时，他们还十分注重为职工学习科技文化知识创造良好条件，村里建起了科技大楼、卫星地面接收站和电视差转台；开办了图书馆、阅览室和青年民兵之家，每年订阅500多份科技报纸杂志，每天对村民开放，为村民学习科学文化知识创造条件。在刘庄，还有几项不成文的规定，就是高中不毕业者不安排工作，没有高中以上文化的姑娘没资格嫁到刘庄来；新过门的媳妇，必须到科研队接受几个月的科技培训，经考试合格后才能安排工作。

2004年村里投资2600万元，新建从幼儿园到高中为一体的现代化教育园区。

2005年又建成了现代化农民远程教育系统，拓宽了村民接受新知识的领域。现在，刘庄华星制药厂的职工均已达到高中以上文化程度，成为熟练的技术工人。其中，有60%以上的职工从事着自动化操作工种，并有400多人获得单科结业证书，180多人获得高、中级技术职称。一大批土生土长、具有现代工业生产和管理才能的优秀人才，在各个岗位上发挥着骨干作用。

为了实现刘庄经济新的跨越式发展，他们还兴建了北京刘庄华星医药科技有限公司，利用北京的地域优势、人才优势、信息优势改造提升传统产业，拉长产业链条，抢占市场经济的战略制高点。为全面提高刘庄人的素质，刘庄投巨资建起了高标准的学校，使村里的孩子不出村就可以受到从幼儿园到高中的系统教育。在选拔有培养前途的优秀青年到高等院校、科研单位进修的同时，结合工作实际经常举办各种专业培训班。此外，刘庄又邀请大专院校到村里办班。

为加强精神文明建设，村里坚持开展以评选优秀党员、团员，好村民、好家庭、好婆媳等为主要内容的精神文明系列创建活动，逐步营造文明健康、和谐向上的良好风气。几十年来，刘庄没有发生过刑事案件，没有出现过党员违纪。从计划生育、婚丧嫁娶到养老抚幼，刘庄的干部、群众自觉遵守社会主义道德风尚。村里14个姓氏、300多户、1600多口人，没有宗族矛盾及派别之争，没有封建迷信、赌博、打架斗殴、婚丧事大操大办等不良现象。

除了在经济、精神文化等领域刘庄有着突出的成绩以外，刘庄人也一直坚持和贯彻可持续发展的思想。

《经济日报》记者王伟的《河南新乡刘庄农民的幸福生活》一文中写道，刘庄的工业起步较早，在由简单的农产品加工业向大规模制药业转变的过程中，收到了一定的经济效益；与此同时，难以避免地带来了一些污染。在建设新农村过程中，为了实现可持续发展，刘庄人把发展环境友好型经济作为重点，不断加大治污力度，投资1.23亿元建设污水处理厂，确保了刘庄今后较长一段时间内的工业、生活污水全部进行无害化处理。刘庄人十分注重发展循环经济，把形成生产能力的所有装置有效运作起来。他们加快发展循环农业，开发节约资源和保护环境的农业技术，把推广废气物综合利用技术、相关产业连接技术作为重点。在刘庄，以玉米为原料的淀粉厂年产 12 万吨，又是制药厂的原材料供应配套企业，通过管道把淀粉直接输送到药厂，减少了烘干和重新稀释两道工序。玉米制作淀粉后产生的玉米浆可供药厂发酵制药；玉米胎可以榨油，玉米渣、玉米饼可以喂养牛和羊。刘庄村的热电联产项目也是循环经济模式，电厂通过燃料发电，余热气体通过高压降低压力，转化成液体，可以满足需求；发电形成的软化水，又是药厂必需的水源，电厂余热能解决药厂高温消毒问题，还可供应村民的家庭取暖，既充分利用资源，最大限度地达到节能目标，又改善了群众的生活环境，提高了群众的生活质量。刘庄村的现任党委书记史世领说，刘庄要把环保工作作为头号工程，刘庄人要养成节约资源、保护环境的良好习惯，为创建秀美家园带个好头。



## 第三节　观刘庄红旗越飘越艳　看农民史来贺成功真经

刘庄，这个中原大地上千余口人的普通村庄，为什么在将近 60 年红旗愈飘愈艳？为什么能在共和国 960 万平方公里的土地上大放异彩，经久不衰，享誉中外？刘庄党组织为什么能够自觉实践“三个代表”，一直得到群众衷心的爱戴和拥护？2002 年时任河南省新乡市组织部长的邹文珠同志专门抱着解答这些问题的目的与史来贺同志交谈过；并且在《领导科学》中撰文为我们揭示了史来贺和刘庄 50 年充满生机与活力、蓬勃发展的规律。

首先，坚持党的领导，不说空话，让老百姓得到真实惠。谈到这一点，史来贺非常动情。他说，他 1949 年 8 月入党，就抱定了为共产主义奋斗终身的信念，从此再也没有动摇过。“没有共产党，就没有我史来贺的今天，没有共产党就没有刘庄村翻天覆地的变化。”在农村如何加强党的领导，是当前全党最为关切的问题，他用大量的事实，说明了刘庄几十年来在加强党的领导方面所做的实实在在的工作。总结起来，最根本的有三点：一是要用事实说话，让群众信共产党，信社会主义。在刘庄，党的领导不是空的，而是把党的路线、方针、政策落实到具体行动上，把党的基本路线变成自觉行动，让群众看到社会主义的优越性。经济、物质搞不上去，人民群众得不到实惠，得不到利益，你咋能体现社会主义、党的领导好呢？社会主义老是穷的，就站不住脚。你穷得叮当响，经济上不能帮助群众，再讲道理也是空的。经济搞上去，说起话来，办起事来，腰板才硬，群众才会跟你，才能代表先进的生产力。几十年来，刘庄人在党的领导下，坚持自力更生，坚持发展生产力，把过去“方圆十里乡，最穷数刘庄”的“长工村”建成了社会主义新农村。刘庄人都说共产党好，就信共产党，信社会主义。二是抓人的思想，抓信仰教育，既要把群众带到富路上，又要把群众带到正路上。实践“三个代表”，思想政治工作是个大前提。他说：“生产力中最基本、最活跃的因素是人，社会财富是人创造的，创造的过程也是培养人的过程。把人教育好了，精神的力量可以转化为物质的力量。”因此，刘庄党委抓思想政治工作，突出抓信仰问题，抓世界观、人生观、价值观问题。每个人的思想不会空白，要往里装东西，不是好的，就是坏的，很复杂，就看你让他装什么、学什么了。经济发展上个项目，有时候贷点款就建起来了，但要建无产阶级世界观这个加工厂就难。要耐心地、长期地、反反复复做工作，这是一个系统工程。在刘庄每年都要组织老人出去旅游，看改革开放以来的发展成就，看历史文物，看革命圣地，让群众从内心热爱党，热爱社会主义，热爱伟大的祖国。三是充分发挥党组织的战斗堡垒作用和党员的先锋模范作用。共产党员带头奉献、带头吃亏，是最有说服力、最能凝聚人的教育。要认真实践“三个代表”，首先需要党员干部发挥好带头作用，这样“三个代表”才不会变成空洞的口号。干部一定要公道、正派，见困难就上，见荣誉就让，始终把群众利益放在第一位，吃苦在前，享受在后。干部做到了这一点，在群众中就有威望和号召力；党支部班子做到了这一点，支部就有战斗力和凝聚力。史来贺说他对吃亏是这样理解的：如果自己吃点亏，能把集体的事搞好了，让群众都富了，那么个人也就富在其中了。1976 年，刘庄建新村时，大家都提议让他先搬，他却说，刘庄有一户不搬进新村，我就不搬。6 年后，当最后一批新房盖好后他才搬家。正因为这样，6 年中，刘庄村没有因为分房出现矛盾。几十年来，在史来贺榜样作用的影响下，刘庄的党员、干部坚持做到了带头劳动，带头吃亏，带头讲正气。再一点，要加强制度建设。在刘庄，党内有党内的制度，企业有企业的制度，干部有干部的制度，群众有群众的制度，一直坚持了几十年。譬如，党委坚持一个月召开 1～2 次群众大会，各生产经营单位一个月召开 6 次群众会议。谈心方面，老史坚持每月至少同委员们谈一次心，委员们按分工与党员也及时进行谈心。谈心多了，疙里疙瘩的事就少了。近年来，刘庄还专门建立了党员、干部双承包制度。党委在安排工作时，既下达经济指标，也对思想政治工作提出明确要求。刘庄几十年没有封建迷信，没有宗族派性，遵纪守法，尊老爱幼，学科学、学技术风气很盛。

其次，坚持实事求是，不搞形式主义，一切从实际出发。纵观刘庄发展的历史，实际上是实事求是的发展史。一是要把党的路线方针政策和自己的实际情况结合起来，既对上负责，又对下负责。基层干部要发挥“针鼻子”的功能，起到“接线头”的作用，就是要吃透上面的精神实质，真正弄清自己的实际情况，在分析研究的基础上，结合自身实际，决定怎么办，怎样抓好落实。二是遇事要有主心骨，不能听风就是雨。要注意自己的条件，不轻信，不盲从，不随社会的风向转，而是随着群众的心愿转。史来贺说，思想作风建设的核心是实事求是。啥时候不坚持实事求是，思想就会动摇，事情就可能办歪。即使是贯彻中央、省市的决策也必须实事求是，因为中央、省市不可能针对一个村的具体情况来讲。上面讲的是宏观指导，如何把上级的精神贯彻好，关键靠我们用实事求是的态度去“结合”。党的十一届三中全会以后，全国大多数农村实行了家庭联产承包责任制。刘庄人根据中央“允许有多种经营形式”的精神，从刘庄的实际出发，实行了专业联产承包责任制。事实证明，这种责任制形式适合刘庄的实际情况，适合刘庄经济的发展，既充分发挥了集体经济的优越性，又最大限度地调动了个人的积极性。20 世纪 50 年代中期，区里要求“并社”，他们认为一乡一社脱离实际，不如一村一社有利于发展生产，自己成立了高级社，促进了生产大发展，棉花产量创全国最高记录。在大批“唯生产力论”的年代，老史坚持带领群众办起了畜牧场，建起了轧花厂、面粉厂、机械厂等，使刘庄经济发展没有出现大的挫折。当时刘庄人就认定一个理：共产党员就是要带领群众共同致富，千变万变，发展经济这一条不能变。

第三，坚持群众路线，认真听取老百姓的意见。刘庄形势变，任务变，全心全意为人民服务的宗旨不能变。相信和依靠群众的原则不能变、真心实意为群众办实事的作风不能变。基层干部是在农村这块土壤里成长的，一旦脱离群众，就成了无根的庄稼。他们明白干部手中的权力是谁给的，掌握权力干什么。同时，他们还清醒认识到，一个干部被打倒，是自己打倒自己。干部一身正气，廉洁奉公，勤政为民，别人是打不倒的。干部掌权不为人民谋福利，党不愿意，人民不愿意。要真心实意解决群众反映的实际问题。我们共产党的干部是人民的公仆，帮助群众解决问题是我们的责任。如果我们能认真解决群众反映的问题，群众就能通过一件件具体的事，更加信任党和政府，从而提高党和政府的威望。领导干部的形象好了，党和政府的威望就高了。干部作风要民主。要善于倾听群众的意见，相信群众和依靠群众，不要主观武断和家长作风。在刘庄遇事多同群众商量，大多数群众同意的事就坚决办；大多数群众有意见的，即使是好事，也要先放一放。刘庄的各项决策都是群众共同参与的结果。实行联产承包责任制以及后来上药厂，刘庄党支部都给每个家庭发了征求意见卡，广泛听取大家的意见。为了接受群众监督和倾听群众的意见，他们还在村里挂了50多个意见箱，每一个家庭还选了一个组长，定期召开家庭会议。可以说集体主义思想和民主空气在刘庄非常浓厚，为刘庄的两个文明建设发挥了重要的作用。

第四，改革开放，为刘庄腾飞插上了翅膀。刘庄经济的真正腾飞，还是源于中国农村举世瞩目的大变革。刘庄的发展就是靠改革，靠党的十一届三中全会以来的路线、方针、政策，靠发展乡镇企业、调整产业结构，走上了农工商、牧副渔、贸工农一体化的发展道路。史来贺说，仅靠农业是不足以显著地增加农民的收入和改善农民生活的。他认为，要改革，首先要解放思想，要勇于从传统习惯中走出来，勇于踏进不熟悉的新天地。社会主义等不来，只有脚踏实地地干出来。创大业，作大难；创小业，作小难；不创业，穷作难。十一届三中全会以后，史来贺他们对刘庄的经济体制进行了大胆改革，从过去的小规模、粗加工，发展到现在的规模竞争、规模效益，以农业为基础、以生物制药高新技术为龙头，带动机械、食品、造纸、运输等工业的全面发展。二是要带头学经济、当内行。搞市场经济就要走到市场上去摸情况，搜集信息，去适应市场经济的发展，要边学边干，逐步适应。这种适应能力不是人天生就有的，谁懂得多就说明谁学得多，干起工作难度就小；反过来，工作局面就很难打开。目前，刘庄村党委委员绝大多数都获得了中级以上技术职称。三是要重视人才。为了提高人的素质，刘庄和一些高校联办了大专班，并坚持每年选送优秀青年到大中专院校、大企业学习进修。还专门设立了科技成果奖、合理化建议奖，鼓励各类人才发明创造，参与民主决策。刘庄人的生活正朝着农业现代化、农村工业化、农民知识化、生活城市化发展。

这四条经验，或许就是史来贺为我们留下的“真经”。在看完他和刘庄的故事后，我们又有怎么的感想呢？他当书记51年，不论是在1978年以前还是在改革开放之后，都是一位值得我们学习的“敢于吃螃蟹”的“老农民”。

# 第五章　胶东半岛一枝独秀

——山东省龙口市南山集团董事长、
南山村党委书记　宋作文

《新西部》记者秦沣在2008年的一篇文章中写道：在山东省美丽的海滨城市烟台龙口，宋作文花了30年的时间，将一个小山村打造成一个跻身中国企业500强的国家级企业集团。166平方米的别墅，可观的年薪和奖金，一个知名企业的股东，这是南山人做梦都没有想到的好事，宋作文却将其变成了现实。如今的南山，企业40多家，涉及毛纺、铝业、电力、旅游、教育等十几个产业。2008年3月13日的《中国纺织报》刊载了《为建设社会主义新农村作贡献——访全国人大代表、山东南山集团董事长宋作文》一文。文中写道："2007年，南山集团完成销售收入286亿元，实现利税35亿元。预计2012年集团可实现销售收入800亿～1000亿元，利税100亿元以上，纳税20亿元以上。"

## 第一节　宋作文与他的南山村

宋作文是第十、第十一届全国人大代表，全国劳动模范，国家级大型企业南山集团的缔造者。历任山东省龙口市东江镇前宋村（南山村前身）第三生产小队队长、玻璃纤维厂厂长、新华毛纺厂厂长、新华纺织总厂厂长，南山集团总经理、总裁、董事长。1984 年加入中国共产党，历任中共前宋村党支部书记、南山集团党委书记。

作为南山集团的领航人，他带领南山人艰苦创业，经过近 30 年的奋斗，把一个 260 户人家的小山村发展成为经济实力雄厚、社会文明进步、生态环境优美、群众安居乐业的现代化“花园式城市”，为探寻民营经济发展和新农村建设写下了浓墨重彩的一笔。



20 世纪 70 年代前，地处山区的前宋村，村前群山起伏，土地贫瘠，人均七八分农田，房子是传统的“三间半”，人是纯粹的庄稼汉，村是地道的小山村，许多人靠外出干零工、当小贩串乡来增加收入。“要吃前宋饭，得拿命来换”这首流行在 20 世纪六七十年代的歌谣，是前宋村当年生活的真实写照。

前宋村人的命运从 1978 年开始改变。党的十一届三中全会召开，改革开放的春风拨动了前宋人的心扉。时任前宋村第三生产小队队长的宋作文敏锐地认识到：仅靠几亩山岭薄地，只能维持吃饭的生计，农民要想摆脱贫困就必须发展工副业。从此，创业致富的帷幕在南山的土地上拉开。宋作文先是带领他的小三队兴办工副业干出了名堂。到 1986 年，三队固定资产达到 5500 万元，全队 56 户人家，家家住进统一建设的别墅式小楼。1987 年，宋作文众望所归地当选为前宋村党支部书记。

接下来，前宋村的发展在领头人宋作文的带领下一浪高过一浪。1989 年，南山集团成立，走上了投入、发展，再投入、再发展，大投入、大发展的良性循环轨道，陆续打造出铝业、纺织服装、旅游、教育四大产业链。1999年12月南山铝业A股股票在上海证券交易所上市，2007年12月南山纺织服装在伦敦证券交易所挂牌上市。2008年经国家批准成立南山集团财务公司。它标志着南山集团开始向产业资本与金融资本的融合运作，为企业“做大、做强、做优”的战略目标夯实了基础。

30年来，依靠党的改革开放、强国富民的好政策，宋作文带领南山人发扬“崇尚奉献、追求卓越”的南山精神，艰苦创业，开拓创新，将昔日的小山村发展成为位居中国企业500强前列的国家级大型企业集团。

基于在建设社会主义新农村方面所取得的突出成就，宋作文先后被山东省政府授予“山东省优秀农民企业家”、“山东省劳动模范”，并被国务院授予“全国劳动模范”、被农业部授予“全国乡镇企业家”称号，还被评为“影响中国民办教育界十大领军人物”，在2006年10月，第六届全国“村长”论坛会上被评为“2006年全国十大杰出村官”。并于2003年和2008年当选第十、十一届全国人大代表。

尽管获得了巨大的成就，头顶多项光环，但这位南山集团的掌门人依然很低调。他很少出席各种活动，即使出席活动也是坐在后面；很少接受记者采访，在媒体上他的报道也很少见。从小小的村庄走出去，到足迹遍布五洲四海，宋作文阅人无数，也经历过太多的历练，“阅尽风雨知沧桑”，多年的风雨沧桑，练就了他的豁达、超脱。不温不火、从容笃定、超然物外，这种无数人所期望超越的精神境界，在宋作文身上得到充分展现。一心为民的品质加上豁达、超脱的个性，他自然成为南山集团众望所归之人。

“富裕没有顶。”在谈起未来发展时，宋作文经常会念叨这句话。让我们来看看南山的30年风雨历程……

## 第二节　贫穷前宋村成长为胶东半岛的耀眼“星斗”

改革开放前，前宋村（南山村的前身），260户，800人，人均不到一亩山岭薄地，穷得“肚中空当当，山上溜溜光”。

《宋作文和他的“南山”王国》这篇文章中写道，1978年对中国来说，是一个重要的年份。对位于胶东半岛上的前宋村来说，同样具有非同寻常的意义。这一年，宋作文担任了前宋村三队的队长。他拿出与东北朋友贩运木材赚取的5000元现金作本带领全队56户村民开始发展副业。在此之前前宋还是一个不起眼的穷山村，有乡谣为证：“要吃前宋饭，得拿命来换。女大往外跑，儿大娶妻难。”然而，宋作文却给前宋人的生活带来了新的希望。到1983年，前宋村三队的集体经济已初成规模。这时农村大包干开始在全国普及，但前宋村三队没有像大多数村社那样将集体资产分光吃净，而是用几年来积累形成的资金先后建起了玻璃纤维厂、棉纺厂等企业。到1987年，宋作又看准农村市场对腈纶枕巾巨大的需求量，追加资本扩大规模。连续3年。他们生产的腈纶枕巾的全国市场占有率都保持在70%以上；形成了2.4万锭棉纺、4条化纤喷丝生产线、1200台织机的生产规模。1983年到1987年这段时间前宋村三队的集体积累达到5500多万元，户均占有近100万元。56户人家家家都住进了166平方米的小别墅。



富裕起来的三队对前宋村其他生产队的村民产生了很大吸引力，他们也希望能过上同样的富裕生活。全村党员主动找到上级党委，推举宋作文当上了村党支部书记。

秦沣在他的文章中写道，1987年“官升一级”的宋作文从三队集体积累中拿出20万元还清了全村的外债，开始了二次创业。6年之后前宋村人均收入超过5000元，户均资产200万元，280户村民全部住上了别墅小楼。刘振武，这位东江镇的老党委书记，对宋作文的评价是：“作文这个人，人品特好，很有人缘儿；胆儿大，不守‘本分’，不愿意夸张成绩只想着闷头干。”

前宋村先富起来了，而邻村仍在受穷，宋作文和支部一班人看不下眼，大胆提出“强弱连带，携手共进，相兼相融，好在其中”帮扶理念。从1994年到2000年，先后兼并了后隋、西马、达沟、南张家、西涧、曲家、上观、刁崖8个贫困村。这些村集体的数百万债务由南山偿还，上千名劳力在南山就业，上千名孩子在南山入托、上学，1574家农户全都住上了166平方米的小别墅。

2001年前宋村改名为南山村，南山集团也成了一个叫响全国的著名企业。

与此同时，他们大力发展旅游业，先后投资22亿元建起了康乐宫、高尔夫球场、中华历史文化园等系列景观以及南山大剧院和五星级标准的国际会议中心，把跟着贫困村兼并过来的荒山深谷变成了国家AAAA级旅游景区，而南山旅游也被誉为“小康之旅”。

绿化面积13平方公里，村民人均绿地森林面积3300平方米，9座水库点缀在青山红瓦之间；容纳2万人的体育场，藏书58万册的图书馆，从幼儿园到大学“五级相连、四教统筹”的现代教育体系；28%的家庭有轿车，老人住上了星级宾馆水平的敬老院……

一名外国游客曾感叹地说："南山是一座洋溢着现代气息的农民城。"

说了这么多，南山究竟靠什么赚大钱？

乍一看，南山的产品没啥不一般，毛巾、铝材，司空见惯，就是毛腈纺也没啥了不起。但是，同样的买卖，南山人一干，往往就效益倍增。

南山人创业干事有一个高点定位的"坐标"，有一条环环生财的"链条"：不干则已，干则一流，以大规模、高质量抢占市场"制高点"，抢夺份额"主导权"；把集团的主导产业向前后拉长延伸，形成既有原料基地，又有加工环节和终端产品的完整的"产业链条体系"，使利润空间环环相连，衍生膨胀，实现利润最大化。



南山的"坐标"与"链条"，体现了资源优化配置的规模效应和管理生金的市场法则，二者相辅相成，相得益彰。否则，坐标低，规模小，链条就是"小而全"；而坐标高了、规模有了，不搞"链式运作"，就是放弃利润空间的"大而虚"。

秦泮的文章中写道，南山人当年做石棉瓦需要玻璃丝，开始出去买，后来他们自己拉丝，成本下降一半；织毛巾，需要腈纶丝，他们又上了腈纶喷丝设备，年加工毛巾 1.8 亿条，日产各类毛巾制品 40 多万条，占全国同类毛巾 70% 的市场份额。1997 年，南山投资 3.6 亿元上精纺呢绒项目，一步到位引进了英国、法国、德国、意大利等 7 个国家 17 个厂家的一流设备，实现了进口羊毛—加工毛条—纺纱—织成—成衣一条龙生产，填补了国内不能生产 150 支纱的空白，年产超薄型面料 480 万米。到了 1999 年，他们又投资 4.6 亿元进行改造，达到年产面料 1500 万米、成衣 40

万套，成为国内同行业第二大厂家。如今，“南山牌”呢绒不仅成为许多名牌西服的首选面料，每年还有 300 多万米出口日本和欧美。

铝业是南山集团的当家产业。1992 年，南山上马铝型材项目时只有 8 条生产线，后来扩大到 38 条。后来南山人发现单纯靠外购铝锭加工型材，不仅成本高，而且质量也难以保障。于是 2000 年南山集团建起了 16 万吨的电解铝厂和 12 万吨的碳素厂。煤炭—发电—碳素厂—铝锭—铝棒—普通铝型材—轻质铝型材，南山集团形成了中国北方规模最大、技术含量最高的煤电铝产业链。仅上马氧化铝和碳素两个项目以当时市价计算每吨铝材就可降低成本 1200 元。南山铝业的所有厂家均布局于 45 平方公里的范围内，这不但节省了大量的运输费用且避免了加工环节的重复工作。如在熔铸环节，公司可直接使用铝水，此举可节约电费 700 元/吨。

铝材生产是高耗能项目。南山集团为了进一步降低成本，发挥山东龙口煤炭资源丰富的优势，于 1999 年和 2002 年先后建起了 13.2 万千瓦和 30 万千瓦的热电厂。当地上网用电为每度 0.576 元，南山集团自己发电每度只需 0.2 元，一年下来即可节约 3 亿元的用电成本。同样的手段还体现在毛纺织业上。国内纺织企业大都从“染色”环节开始生产，而南山集团将产业链向后拉长到“洗毛”环节，仅此一项每吨毛的成本可以比其他企业低 3000 元到 6000 元。现在，他们甚至将产业链前移到在新西兰及澳大利亚购买专属牧场。

“链条效应”打造出南山产业的核心竞争力，形成了多年如一日的“货款即时两清”的良性循环。全集团 40 多家企业，没有赊账营销，没有呆账、坏账，没有三角债。1999年12月，“南山股份”在沪上市，融资7亿元。几年过来，看到南山的速度和效益，有专家如是说：“南山这市，上得扎实。”

当然南山的跨越发展，离不开高素质人才。那么南山是怎么吸引人才、留住人才、拴住人心的呢？

南山村有自己的大学——投资2.5亿元的南山学院，面向全国招生，在校生1万多人，毕业后80%以上留在了南山。这些年，南山还从全国外聘了600多名各类人才。

秦沣的《宋作文和他的“南山”王国》中写了南山人的“加成手册”。实际早在“三小队”创业时，他们家家就有个被称为“加成手册”的小本本。所谓“加成”，其实就是一套特殊的分配机制：员工领取工资、年薪后，由集团再追加同等金额的报酬，作为“第二年薪”。但这笔钱不发现金，而是记入“加成手册”，计息参与集体流动资金，每年发“利息”，买房、购车、办喜事等大的开销，可以申请动用。按照集体创造财富的膨胀速度和个人贡献，在“加成”的基础上，再分别授予5～10倍的“股份”，作为个人对集体企业的内部持股。

从一开始搞副业赚小钱，到如今转动百亿资产的大盘子，南山村的班子成员越来越深刻地感悟到，调动人的积极性，关键是理顺分配关系，只有理顺了分配关系才能不断激发员工的潜能，才能做到“控制分配，扩大积累，滚动发展”。

共同富裕不等于平均主义，“加成手册”并非人人都有。创业的元老、前宋人、因有贡献加入“南山籍”的员工，这些人可以享有“加成”。但“加成”不是“铁饭碗”，有重大失误，“加成”立即取消。改过自新，重新入籍，“加成”从零开始。对外来人员，有突出贡献且个人自愿，可每年按比例转为“南山籍”，即刻享有“加成”。所以人们说，“加成手册”就是南山的“绿卡”。

宋作文说：“这样做，不是为了分里分外，而是必须尊重历史，区别价值，体现差别，明辨功过。用经济手段，变一柱擎天为万众擎天，南山才能永葆青春。”

南山为什么在30年跑得如此之快？这里有着他们独到的法门！

南山集团董事长宋作文只是小学毕业。南山的创业班子中，学历最高的也不过是初中生。到如今，这个班子的主要成员基本没变。他们凑到一起开会，有两个老习惯：一是批评，二是争论。

班子成员只要在家，每天早晨到集团办公室开碰头会。但汇报工作不准表扬自己，更不准表扬领导，只能讲问题，讲办法。领导总结也是只批评，不表扬。宋作文有两句名言：“一边跑一边喊的人跑不快”，“不该你得的荣誉你得了，很危险”。2002年6月，山东省烟台市以市委、市政府的名义，作出在全市开展向宋作文同志学习的决定，与宋作文通气，他婉言谢绝。市里只好把这个决定改成《关于向南山集团学习的决定》。

南山班子的争论，其实就是民主决策的过程。凡重大问题，党委成员必须调研、讨论、集体决策，尤其涉及项目、投资等发展大计，班子成员往往争得面红耳赤。用他们的话说，“大事”都是“吵”出来的，不“吵”透了不罢休。他们“吵”出的方案，再提请党员大会、村民代表大会讨论通过。

从当年干工副业开始，乡亲们就把对宋作文的称呼从“队长”换成了“厂长”。如今，南山集团做大了，新员工越来越多了，人们开始叫他“宋总”、“宋董事长”。但不管怎么叫，“管一个小队，得叫全队富；管一个村，得叫全村富；管一个3万多人的企业集团，得叫这3万多人都富。——让群众都跟着共产党沾光。”宋作文是这么说的，也是这么做的。

当然南山的跨越发展，离不开高素质人才。那么南山是怎么培养且留住人才的呢？



宋作文带领的南山村领导班子中学历最高的只读过初中，虽然他们自己是在学历不高的情况下打拼出了百亿“家产”，但宋作文知道，在今后的发展中没有科学文化知识是不行的，没有过硬的技术是不适合企业发展的，没有自主创新的产品，终究会被别人赶超的。正是出于要在根本上提高全民素质的渴求，南山集团把教育放在“唯此为大”的地位。南山的教育体系既是育人基地，也是一个相对独立的产业。

南山创办的幼儿园、小学、初中、职专和大学，“五教相衔”，有最漂亮的校舍、最优美的环境。高水准的教师队伍聘自各地。“五教”的教育质量都很高。如果不是看南山村的村碑，你会感到这里更像一个硕大的教育中心。

一座大学城，为南山的全面小康注入浓郁的现代气息。

南山虽有数百亿资产，不该花的钱他们一分也不花。但投资教育，他们却异常大方。尤其是南山学院这所由南山集团投资33亿元兴办、教育部批准的普通本科高等院校，拥有3500亩现代化的校园，在校学生近两万人；有馆藏197万册的图书馆，价值11762万元的教学仪器设备，

68 个实验实训室，76 个多媒体教室，12 个数字语音室，5880 台教学用微机。办学十几年来，南山集团与学校一直非常注重师资队伍建设，形成了一支数量充足、结构合理、治学严谨、水平较高的教师队伍。现有教师 1136 人，其中副高以上职称 372 人，具有研究生学历的 367 人，具有“双师”素质的教师 469 人，享有国务院特殊津贴的专家 9 人，外籍教师 12 人。

投入如此巨大，回报也同样巨大。除了向社会输送人才，南山中专、大专、本科各层次教育每年向南山企业配送的优秀毕业生，已有上千人成为技术骨干或班组长以上的干部。新鲜血液使南山更具朝气。宋作文展望，南山未来具备大专以上学历的员工，要达到 100%。

早在 1994 年 9 月 7 日，时任中共中央政治局常委的胡锦涛同志视察南山村，对南山舍得投资办教育，曾留下“具有战略眼光”的评价。

今天置身南山，你会感受到南山人“全民学习，终身学习”的文化氛围。村民家庭订报读报形成时尚。

南山集团对全民文化建设同样舍得投入。规模庞大的南山图书馆，是南山的文化中心和大型智能中心。宋作文为图书馆特批：国内外的好书，别疼钱，放开买。

随着物质上的富裕，南山的年轻一代对艺术娱乐等文化生活的要求也高起来。他们渴望欣赏和参与更高雅时尚和更现代的艺术。宋作文发现，新生代文化上的多样化需求，正是南山全面建设小康社会的“题中应有之事”，于是一座由北京设计院设计，拥有 1600 个软席座位的南山歌舞剧院，已经矗立在希望的田野上。烙有全面小康鲜明印记的教育、文化建设，日臻升华为南山人建设美好家园的共同理想和精神支柱。

今天南山人的农村生活真的是城市人都比不了的！

## 第三节　立足南山　放眼未来

虽然今天的南山旧貌换新颜。但是，南山村的班子成员却从来没有松一口气的念头。南山今后应当怎样发展，是宋作文和他那帮老伙计们经常思考的问题。他们的答案是：跳出南山看南山！要用长远的眼光为南山谋未来！



南山向北15公里，就是渤海海滨。海滩上，有大片当年开采煤矿留下的塌陷地和旧矿坑。南山集团打算用8～10年时间，投资200亿元，在这里再造一座“海上南山”。

为了把“海上南山”项目建设好，南山集团聘请了一家世界顶尖的美国公司进行总体规划，瞄准发达国家水平，建设综合性海滨城市新区。他们依托南山产业优势和海滨地利优势，面向国内外整合资源，控股与山东龙矿集团合资在海边利用旧矿坑开发柳海煤矿，与龙口港合资建设200万吨的深水码头。在澳大利亚建立铝土基地，与澳大利亚、法国、日本等签订一揽子技术合作协议，实施“引进国际领先技术设备，实施大宗物料全球采购，进口原料、技术、智力与扩大产品出口并重”战略，挣外国人的钱，办南山人的事。

几年来，南山集团已在“海上南山”投入20多亿元，中加国际学校竣工招生，30万千瓦热电厂投入运行。到2005年，他们已经完成投资120亿元，重点抓好“1＋4”热连轧轻合金、60万吨氧化铝、13万吨碳素、40万千瓦热电、年产150万吨柳海煤矿、200万吨深水码头、国家级植物园等7个大项目。现在，南山集团已经成为山海呼应、中西合璧的现代化海滨城市和产业多元、结构合理、管理现代的特大型企业集团。

除此之外，早在1997年，南山集团投资建造了旗下第一座高尔夫球场——南山国际高尔夫球场；2004年，东海东区海景、海韵、海天、海轩四个球场建造完毕，并开始营业；2005年9月，南山区佛光宝地、圣地阳光、乡村庄园、云顶森林、山水风景五座球场正式动工。到2006年，南山集团投资建成了拥有225洞的国际高尔夫球会。现在每到周末，日本、韩国以及欧洲的许多客人都来南山打球，高尔夫球场为南山集团挣得了数十亿元资产。2008年2月，总投资30亿元的南山主题公园在位于胶东半岛的南山景区动工了。这个融美国迪斯尼乐园和韩国爱宝乐园特色于一体的大型主题公园，是今后南山集团发展旅游产业的一个大手笔。

“工业企业做不好，可能会倒闭，旅游产业却能做大家一辈子的保障，以后村里老百姓万一靠工业吃不上饭了，有旅游业就能保证子孙后代都有饭吃。”宋作文这样解释南山发展旅游的缘由。足可以看出，他在为南山人的子孙后代每时每刻在思考……

“富裕没有顶!”宋作文说，“1978年，我刚干三队小队长时，能叫大伙过年吃上肉丸饺子，就叫富；1987年，三队56户家家住上小别墅，集体积累户均100万元，也叫富；等我干上村党支部书记，280户人家都住上别墅，集体积累户均200万元，还叫富。到如今，全村1800多户全都住上了小别墅，集体资产100多亿元，户均580万元，我倒觉得不算富了——与高的比，与强的比，与发达国家比，南山算老几?”

而在2002年十六大之后，宋作文又说：“党的十六大提出全面建设小康社会的目标。再过十年二十年，中国能富到啥样？难以估量。所以，我们不敢懈怠，南山不能松套。”

宋作文一句“富裕没有顶”——我们便应该为南山人的发展观喝彩。这不仅仅是物质财富的发展观，我们看到南山村投入几亿元打造其教育事业的时候，就应该看得出他们的长远目光和雄心壮志，一个只有小学水平的，一群最高文化只有初中水平的团队，在30年的风雨中开拓如此康庄大道，我们只能再次为他们喝彩！



不同的发展观，会产生不同的思路和结果。一个地方，如果有点小成就便自满骄傲，在自己的“一亩三分地里”审视自己的发展——孤芳自赏，必然会弱化斗志，停滞不前；而只有那些立足长远、放眼世界的地方，在成绩面前自谦、自警，能够面对成绩找差距，才会使发展的前景更加广阔。

“富裕没有顶”，体现的就是一种开放的发展观。正因如此，南山人在过去30年里创造了一个又一个奇迹，并正在为建设一个更加美好的新南山而积极进取。

或许我们能够从宋作文身上，从南山村的发展征途中，从南山人的深谋远虑上，搜索到为什么南山会从当年的贫穷走到今天。今天我们的农民兄弟们解放思想、干事创业、加快发展，就需要这种勤于思考的精神，就需要这种永不满足的发展观，在困难面前不气馁，在取得的成绩面前清醒地审视自我，增强发展的危机感、紧迫感。在社会主义新农村建设的征程中，开创出自己的一片新天地。

# 第六章 从修鞋匠到缝纫机大王

——浙江省飞跃集团董事长 邱继宝

2007年1月8日《中国计算机报》上刊登了记者马文方的一篇文章。文中写道：

“在浙江温州和台州地区，一大批世代以土地为生的农民与命运抗争，他们不仅勤奋与执著，而且吃苦耐劳。他们中成长起来的民营企业家敢想敢为，用成功诠释着中国梦想。以飞跃集团董事长邱继宝为代表的新一代民营企业家，不仅敢想敢干，更重要的是他们重视科技，大力创新。他们对“科学技术是第一生产力”的身体力行，对创新的穷追不舍，对IT技术价值的独特认识，为中国梦注入了新的内涵。邱继宝，一位农民的儿子，20年间，在传统的制造领域，心无旁骛地专注在很多人不看好的缝纫设备领域，白手起家，凭着“创业不要命，发展不要命，创新不要命”的干劲，将飞跃这个民营企业做成了全球规模最大的缝纫设备供应商，2006年预计销售收入超过60亿元，2005年出口创汇2.3亿美元。“飞跃”已成为世界上最具竞争力缝制设备品牌之一。”

今天，邱继宝——这位农民出身的浙商，再次走进大家的视野……

## 第一节　从贫苦小修鞋匠到十六大代表：邱继宝

浙江是一个风景秀丽、人才辈出的地方。今天，浙江那秀丽的江南美景吸引着众多的旅游者前往。但是，当年“七山一水二分田”的土地状况和自然矿产资源的贫乏，曾使得众多的浙江人迫于生计，外出务工。并且，他们从事的工作呈现出很强的地域性，比如说，东阳人弹棉花汗洒全国，台州人背着修鞋箱走遍天下。



李阳泉在《邱继宝：从修鞋匠到亿万富豪》一文中记载：1977 年，14 岁的邱继宝，因为家里穷，初中毕业只读了三天高中就不得不离开了他深爱的校园走上了社会。为了吃饭，他弄了一辆自行车来载送客人。虽然只能挣到微不足道的几个子儿，却足以让一个渴望自立的人尝到涉世之初的一点温暖。但好景不长，三天后，他连人带车被送到了公社，一连关了三天，公社勒令：停止载人。理由：自行车载人属于地下运输户，要割资本主义尾巴。实在没办法，他只好与小他两岁的弟弟背上补鞋的小箱子，含泪告别父母，加入到外出务工的队伍中，走南闯北去了。他们哥俩直奔东北，是因为历经文革十年动乱后，作为重工业基地的东北，居民的收入要好于其他地区。几年的补鞋岁月里，邱继宝走过最繁华的城市，也走过最偏僻的乡村。

马文方也曾在文章中记载：在东北的三年中，邱继宝哥俩相依为命，背着修鞋箱子走遍了东北三省。饿了，找最便宜的饭吃——窝头、高粱粥、土豆、咸菜；困了，找最便宜的地方住——1 毛钱一晚的大车店，十几个人挤在大通铺上。夏天还好过，冬天实在难熬。在零下二三十度的冰天雪地里补鞋，冻僵的手很难握住榔头，红肿的手指几乎无法穿线；有时收摊儿，麻木的双腿竟无法站立。当时，邱继宝一个强烈的愿望就是：有台缝纫机该多好啊。

在邱继宝闯荡东北3年后的1980年，邱继宝带着对工业化大规模制造的耳闻目睹，带着千辛万苦挣下的数千元钱，也带着朦朦胧胧的梦想，回到了台州。一到家乡，他就闻到了某种新鲜的气息，几年前连用自行车载客都不行的地方，这时候竟冒出了一个个家庭小作坊！邱继宝心中压抑了许久的创业的欲望开始萌芽了。他明白：磨刀不误砍柴工。自己什么都不懂，怎么能创业呢？1980年下半年开始，他在附近的缝纫机零件厂等企业做了一年多的学徒。1982年，邱继宝用自己积攒的积蓄，又贷了300元款，租下了大队的三间旧房，办起了椒江市水陡电器仪表厂，生产喷雾器零件。那时候的他，一心只是想着如何尽量把贷款还上，然后转向与他有极大缘分的缝纫机产业。在他的努力下，一个小作坊似的工厂很快走出了萌芽期，渐趋成熟，并有继续赢利和扩大规模的可能。但是，在关键时刻，邱继宝毅然作出决定——转产缝纫机零件。这就是闻名海内外的飞跃集团的前身。

从此，邱继宝开始了他的“飞跃”之路，二十多年过去了，他不再是当年那个骑着自行车载客的小“走资派”了，也不再是被迫远走他乡的小修鞋匠了。他领导的“飞跃”集团，从300元起步，一举成为拥有10亿多元资产，集科研、生产、国际贸易为一体的跨国经营的国家大型现代化企业集团，是全国缝纫机行业的排头兵，并跻入世界缝纫机优秀行列。

邱继宝已经成长为中共十六大代表，并担任中国缝制机械协会副理事长、美中经济合作组织中国首席企业家、中国改革理事会副理事长、全国青联委员等职务。曾获全国五四青年奖章、中国民营企业自主创新十大领军人物、全国优秀青年企业家、全国优秀乡镇企业厂长、浙江省劳动模范、浙江省十大杰出青年、浙江省突出贡献企业经营者、浙江省功勋乡镇企业家等称号。

让我们来看一下他和他的“飞跃”集团是怎样在二十多年的时间里，实现飞跃发展的。



## 第二节　从小作坊到缝纫机“航母”　看“飞跃”二十年飞跃发展

马文方的文章《邱继宝：一个修鞋匠的中国梦》为我们了解邱继宝提供了许多宝贵的资料。文中写道：

回到家乡的邱继宝认准了机械技术，先后在3个机械厂学技术。那个时候，不仅白给人家干活，还要交学费，先是每个月40元，后来是80元。这可不是个小数目，当时像北京这样工资级别不低的地区，学徒工工资大都二三十元。

邱继宝瞄准了从椒江到黄岩（现均为台州市所属区）这段20多公里的路段。当时长途汽车很少，于是，他用自行车做起了客运生意。他早上5点半起来，跑个来回；7点半赶回工厂当学徒，下午5点半下班后，又骑着车送这送那，好的时候一天挣上六七块钱。“技术都掌握了，我就背个包，里面都是车刀钻头，谁有机械加工的活，就帮谁干。”邱继宝说：“后来，我的未来岳父看中了我的勤快。”

1981年邱继宝结婚了。结婚那天，到了下午3点多，在赶到工厂的母亲一再催促下，邱继宝才洗了洗满是油污的手，赶到新娘家里接新娘。

靠着东北修鞋攒下的数千元钱，加上300元的贷款，1986年，邱继宝在村子里办起了工厂。邱继宝没想在此将他钉前掌、粘鞋跟的修鞋事业进行到底，他在工商局注册、领回的企业经营执照上雄赳赳、气昂昂地写着“台州市第二缝纫机厂”的名头。“工厂租的是生产大队队部的两层楼房。上面办公，下面是车间，透过地板的裂缝甚至都可以看到下面的人。”飞跃集团副总经理朱敏法回忆道。

为了掌握缝纫机生产技术，邱继宝专程跑到上海缝纫机研究所请求协助，缝纫机研究所给他派来了两位退休的老师傅。邱继宝用自行车从码头把两位师傅分别驮到厂里，当时村里条件差，新婚才两三个月的邱继宝夫妇就把新房让给了远道而来的师傅。邱继宝早上5点多起来给师傅们挑水，白天上班，晚上还要加班，后来他还专门在院子里打了口井。

我们不知道邱继宝凭什么就认为缝纫机在中国的十几亿人口中仍然有好大市场，我们同样也不知道一个补鞋匠出身的农民是怎样鬼使神差、七拼八凑、零敲碎打做出来了缝纫机样机。

天鸣在《邱继宝：农民的飞跃——一个缝纫机大王的经典故事》中为我们讲述了一个邱继宝的故事。1989年4月，邱继宝到了广州，找到了广交会的举办场馆。当时的广交会场馆内人山人海，但邱继宝却被拒之门外——他名不见经传，他所经营的企业也仅仅是一个乡镇小厂。但邱继宝没有死心，为了能与外商接触，他横下一条心来翻墙而入。理所当然，他被保安扣住，没收缝纫机，罚款 50 元还不说，还罚站了半个小时。可就是这样，邱继宝还是没有死心，他和保安磨蹭了一个多小时，终于把缝纫机要了回来，然后就地摆起了地摊，等待着外商的光顾。



可一直等到广交会结束，邱继宝的缝纫机仍无人问津。邱继宝突然才明白：所谓的公平其实就是实力的较量。邱继宝仍不气馁，他又赶往深圳罗湖口岸，花了 500 元请一个香港老太太代买了一本香港的黄页电话簿，通过电话簿，他与香港国际经销商展开了电话“外交”。

在一次通话中，一位香港经销商告诉邱继宝：像飞跃这种产品“可能”在中南美洲有一定的市场。就是这“可能”二字，打开了飞跃的国际化之路。后来，邱继宝就亲自背上缝纫机，带着从省外事办借来的一位翻译，踏上了去拉美国家的推销之路。乌拉圭是邱继宝开拓国际市场的第一站。在乌拉圭，他雇用了一名当地人与他当众演示，缝制的衣服不仅针码稠密美观，而且更方便快捷，让众多围观者大开眼界。后来，一位当地华裔对邱继宝说：“如果你信得过我，我可以为你代销。”从此，邱继宝趟开了飞跃的出口之路。到 1989 年，飞跃在这一地区的销售额达到了创纪录的 2 万美元。有心人，天不负，邱继宝初战告捷。这一年，邱继宝正好 27 周岁。10 多年后，原中国外经贸部在调查拉美市场时，当地商人反馈：很多中国产品存在质量问题，但“飞跃”缝纫机在这里却很受欢迎。时任外经贸部副部长的陈新华后来才意识到，邱继宝在拉美默无声息地做了 10 多年的市场，国内却鲜有人知。于是，陈新华亲自打电话邀请邱继宝来广交会，共商中国缝纫机产业发展大计。从此，邱继宝的事业就顺利多了。

《追梦——青年企业家邱继宝和他的“飞跃”集团》中记载：1990年1月，中国南方和北方的自然气候和政治气候可能是同步演化的。历史证明，向来谨慎小心的中国北方正有待“一位老人”再去南方巡视时不断地耳提面命，才“东风吹来满眼春”，重新启动改革与开放律动的节奏。而在中国南方，商品经济的潮头其实已经惊涛拍岸不可逆转，难以计数的大小“能人好汉”，早已纷纷使出浑身解数兴风作浪、开辟疆土、四下钻营、全力创造，开始完成中国民营经济最初的资本积累。1990年1月，在浙江省台州市下陈镇六份村，飞跃缝纫机集团宣告成立。在锣鼓和鞭炮的轰鸣炸响声中，飞跃集团28岁的董事长兼总经理跟人们说，只要看一眼东南沿海几省服装行业高速增长的形势，你就会判断出缝纫机的市场空间到底有多么大；况且，我们还有更为广阔的国际市场……飞跃打算用十几年的时间把中国的缝纫机系列产品送上世界商品经济大舞台！

天鸣在他文章中写道，中国有句古话叫“好事多磨”。1994年，飞跃在拉美地区的局面刚刚打开，墨西哥的经济危机就迎面而来，飞跃在拉美地区的销售立即被笼罩在阴影之中。可邱继宝没有被难住，因为对国际市场的变幻，他早有准备。他又竭尽全力做起了东南亚和中东市场的文章，他不懈努力，很快使飞跃产品在这些地区获得了良好声誉。可好事真是多磨难，飞跃出口之路是劫难频生。1997年，空前惨烈的东南亚金融危机，使飞跃刚刚编织起来的东南亚市场网络又遭重创。邱继宝的心没有慌乱，面对严峻的现实，他冷静地分析形势：危机虽然冲击了当时的市场，但危机带来了这一地区国家货币贬值，而我国人民币十分坚挺，再说国家又不分所有制地对进口高新技术、设备一律实行鼓励政策，这是引进高新技术、大规模实施技术改造的难得机遇。

想到了，马上就干。邱继宝一方面收购了日本一家小型工厂，聘用了德、意、日等国的缝纫机专家和科研人才开发高新产品；另一方面，举债斥巨资搞技改，从美、韩等国引进上百台套世界先进的加工设备。这两项举措，一下子将飞跃领入崭新的发展阶段。由于抓住了机遇，引进高新技术设备，飞跃不仅提前两年实现装备自动化，而且还比原预算节约投资 7000 多万元。邱继宝说："比如，我曾跟韩国谈引进自动化生产设备，当时要卖给我 1400 万美元，后来韩币贬值 600 万美元就卖给我了，我就便宜了 800 万美元。付款时，恰逢国家实施优惠政策，我又便宜了 300 多万。"



老成在《追梦——青年企业家邱继宝和他的"飞跃"集团》中还写道，看得出邱继宝十分有眼力。除此之外，也没有谁怀疑过邱继宝的雄心，因为他第一眼就盯上了世界第一经济大国美国的市场。他先找到了一家著名的美国咨询公司，从中国来的缝纫机制造专家给美国一流销售行家们出的课题直截了当：怎样让我们"飞跃"产品进入美国家庭？稍有常识的人都知道，缝纫机就是美国人发明的。缝纫机的"老乡"们按理说完全有理由和气势拒绝从大洋彼岸远道而来想敲开美国市场的中国人。但是，美国更是个讲究实际、尊重市场、看好能人的地方，他们并没有因为"出身"和"体制"等理由拒绝邱继宝和他的"飞跃"。方案很快拿出来了，这家咨询公司的基本设想是：整个美国 9.7 万个学校都开设缝纫课程。如果你能给每所学校赠送一台缝纫机，他们会当即购买 20 台。而且只要你对自己的产品质量及供货能力有把握，这个市场肯定是持续性的。因为那些在学校里用惯了“飞跃”产品的学生，毕业后仍然会指牌认购。听完美国人的陈述，邱继宝吓了“两跳”！“第一跳”是因为这个营销计划风险极高，向9.7万个学校赠机器，9.7万台缝纫机的价值将近1000万美元，如果在功能、质量、外观上稍不如意，挑剔的美国人很可能从此不再理会“飞跃”。那样，1000万美元就打了水漂了。“第二跳”纯属是自己吓唬自己。我有多大本钱？这个事是我这样的企业能做的吗？但是，邱继宝最后还是接受了这个方案。“说到底并不是9.7万台机器的事，也不是1000万美元的概念，而是要通过这件事考验‘飞跃’的质量。这是‘飞跃’能不能在美国以至世界市场上‘飞’起来的一次大检阅，我不是白花1000万美元的代价，这9.7万台机器充其量只是一次期货交易，我先预付产品，而缝纫机的‘老家’，世界第一大发达市场经济国家回报我的是寸土寸金的市场！”

就这样，在20世纪90年代初，中国刚刚想起来要去叩响“世贸”的大门时，而在中国江南一个不起眼的小村里，补鞋匠出身的邱继宝已经开始按照世界上最发达国家的游戏规则，进行市场经济和国际贸易的操练与实践了。事实上，付出1000万美元之后的额外收入并不小，邱继宝将美国人出的这一招接着使下去而屡次成功。在以后的几年中，他以美国为“革命根据地”再进行“万里长征”，将德国、巴西、墨西哥、尼日利亚、阿联酋等16个国家的家用缝纫机市场全面占领。中国的“飞跃”在这些地方设了17个分支机构，然后，再以此为中心遍地“开花”，四下开拓，“飞跃”跃进世界100多个国家和地区。“飞跃”集团仅在2001年的销售额就达16.5亿元人民币，实现利税1.23亿元，为中国出口创汇7000余万美元。“飞跃”此时的主要经济指标在同行业名列国内第一、世界第四。

老成的文中还有这样一段记载：早在1997年浙江省召开政协、人大会议时，有记者问飞跃集团的“邱掌门”：您今年还没到50岁吧？看着绝不像，您看上去还挺年轻！说45岁绝对有人信！邱继宝红着脸无言以对，周围的人哭笑不得。那一年，邱继宝只有35岁。可以看得出他为“飞跃”的发展倾注了多么大的心血！在20世纪的中国，浙江人是十分独特的一群。他们无所不在，什么苦都能吃，因而无所不能。在首都北京，他们形成像海外唐人街一样的浙江村。在中国唯一不通公路的墨脱县，也有浙江人开的“鸡毛小店”。在任何地方，你都能看见浙江大亨巨富，也能发现浙江小贩和民工。浙江人创业没有资源的优势，也没有地缘优势，更没政策优势，他们总是从最小的事情上踏实做起，靠今天的辛劳与卑贱，换来明天的富裕和自尊。

20年艰辛的创业，邱继宝拿自己的流金岁月、青春生命、沸腾热血为这个社会创建了不少东西。

从300元起家租用生产队3间破房发展到今天坐拥十多亿资产的大型现代化民营企业集团，“飞跃”为中国抢占了世界缝纫机市场上一个重要席位，也重新改写了这项产业的世界排名与座次。

飞跃集团所在地台州市下陈镇六份村，原来是个响当当的贫困村，“飞跃”的发展带动了六份村的脱贫致富，1000多村民进入“飞跃”就业，有的甚至是一家几口一块儿在“飞跃”领工资、吃“劳保”。几年之后，六份村成了台州市远近闻名的富裕村。几年间，“飞跃”仅捐助希望工程和少年犯改造项目资金就达200多万元，用于家乡修路造桥、改水通电工程不下450万元，用于扶困敬老和社会公益事业190多万元……飞跃并没有因为是民营企业而忘记了企业的社会责任，20年来已经累计投入6000万元用于公益事业。2006年4月，飞跃收购了意大利一家世界一流的电脑横机制造商50%的股权。电脑横机可以根据人的身材数据，直接用彩棉纺成的线织成衣物，从而避免了纺织行业对环境的污染。

马文方在《中国计算机报》2007年1月8日发表的《邱继宝：一个修鞋匠的中国梦》也为我们详细记述了飞跃这几年的发展：如今，飞跃已经成为全球规模最大的缝纫设备制造商。代理商争相代理飞跃产品，销往欧美的家用缝纫机卖到了6000元1台。飞跃成为国际展会追捧的对象。2006年10月第100届广交会上，中央电视台把飞跃与海尔作为中国企业创新的典范，向全球直播。

2006年4月，德国有个大订单招标。由于一季度原材料涨幅很大，飞跃起初没有投标，日、韩、德等国和地区6家厂商参加了投标。由于担心吃亏，招标方迟迟不开标，同时，德国老板追着邱继宝从汉堡到了新加坡。"2000年以前，我见他难极了，见了面连茶都不给你喝。"邱继宝回忆道。

邱继宝感慨地说："产品只有做好了，才能得到人家的尊重。"他的一个切身体会是：有技术含量的产品用不着去推销，商家会自己找上门来。

2006年4月，作为企业界的代表，邱继宝随中国政府代表团访问了欧洲4国。在希腊的工商论坛上，一位瑞士企业家的发言又深深地刺激了邱继宝。这位企业家说，中国人卖的东西都很便宜，但中国人在国外买的东西都很贵。瑞士1块手表可以卖到上万美元，而中国1辆汽车只卖三五千美元。他说，原因是中国企业不懂科技创新，把技术拿过来，加上原材料和人工成本，所以卖得很便宜。

邱继宝明白：核心技术最值钱。“高技术不用到产业上，那有什么用?”

如果不是身临其境，很难想象一个民营企业能把缝纫机的制造做到如此规模。走进2003年落成的飞跃工业园，长达2公里的大道两旁，整齐地排列着20多座现代化的厂房。数百万元1台的数控加工中心是高品质制造的保障，飞跃一次性投入数亿元从韩国大宇公司购入100多台，从而使得加工中心的总数达到260台。这样大规模的基础设施投入，即使是机械制造领域的国营大厂也不多见。



马文方的文章还记述了一个小故事。一次，浙江省领导向经济学家吴敬琏谈起飞跃的数控加工中心，一旁的邱继宝连忙说：“省长，飞跃的宝贝不是加工中心，是核心技术，是数字伺服系统。”数字伺服电机系统集光、机、电、磁、计算机控制于一体，可以实现机械系统的精确运动与定位，是机电一体化缝纫机的技术关键所在。此前，吴敬琏曾经来过飞跃，问到缝纫机的伺服电机是哪家制造的。听到邱继宝说是飞跃自己研发的，吴敬琏还将信将疑。后来，他利用去宁波出差的机会，到了飞跃在宁波的研发基地飞跃（宁波）科技公司参观，这才眼见为实。而飞跃宁波科技公司的前身，只是一家只有两个人的小公司，为了搞数控机床改造，两个人不惜变卖家里的东西。邱继宝与他俩谈得拢，于是双方合作起来。那时，宁波到台州没有高速公路，单程就要大半天的时间，他们两人下了长途车，不是找“摩的”，就是等夏利。“让他们晚上到，他们就晚上到，让他们周日来，他们就周日来。”邱继宝回忆道。1997年，飞跃自动缝纫机亮相美国亚特兰大展会。“没有伺服系统的缝纫机只能卖1000多块钱，有了伺服系统可以卖到7000多块钱，单是控制系统就卖5000块钱。”邱继宝看到的核心竞争力是实实在在的。

“我们在国际市场上从来不打价格战，至今也未遇到过反倾销诉讼。”邱继宝说。

2003年，注册资金5000万元的飞跃（宁波）科技公司成立。“我借钱给他们俩作为股份，2006年公司的利润就超过了7000万元。”邱继宝不仅知道核心技术的重要，更懂得核心技术骨干的价值。

“高技术就是小的投入，大的产出，减少原材料消耗，保护环境。”

在《邱继宝：一个修鞋匠的中国梦》中还有一个事例：2006年4月5日，邱继宝看到产品展厅里有几个人转来转去。保安告诉他这几个人是中科院计算所的。邱继宝不相信计算所的人会到飞跃来，直到对方拿出印有计算所台州分部负责人黄朝晖的名片。黄朝晖曾经在微软中国研发中心工作过，后来被计算所负责技术应用与推广的工程中心挖了过来，被派到台州分部。黄朝晖来后，圈定了台州十几家大型民营企业进行调查，以寻找技术合作的机会。飞跃集团也在这个名单之中。“我做梦也不敢想，我们民营企业能与代表国家电脑技术最高水平的计算所合作。”邱继宝不止一次说过这句话。一方怀揣技术却苦于找不到用户，另一方虽熟悉市场却找不到技术合作者，双方之间像是隔着一层窗户纸。突然间，这层窗户纸被捅破了。如此，民营企业的效率就体现出来了。邱继宝亲自出马与计算所谈合作，4月12日达成初步合作意向，4月24日协商人才与合作项目，5月12日商谈合作细节，5月20日成立中科飞跃数控系统有限公司，先期500万元的投入由飞跃集团出资，双方各占50%的股份。飞跃出钱痛快，计算所出力也麻利。黄朝晖带着研发人员6月3日入住飞跃，从早上干到深夜，从周一干到周日。8月10日完成电脑家用缝纫机的主控板和电机控制板开发，9月19日数控系统联调成功。10月13日，电脑家用缝纫机在第100届广交会上受到中外客商的广泛关注。邱继宝算了一笔账：电脑家用缝纫机国际市场售价超过1000美元，每年10万台的销量不难实现，这就是1亿多美元的收入。同样是家用缝纫机，飞跃成立初期几十公斤重的脚踏缝纫机只卖100多元，到后来机电一体化的电动缝纫机可以卖到1000多元，如今5公斤重的电脑缝纫机可以卖到1万元。当初，飞跃卖台缝纫机还挣不到1包香烟的钱。从机电一体化到IT技术，每次技术创新带来的都是10倍价格提升，创新一次次显著地提升了飞跃产品的利润空间。按照飞跃的规划，2010年，销售产值达到270亿元，进出口额15亿美元，利税15亿元；实现争创世界名牌，摘取中国工业大奖，赢得全国最高质量管理奖三大任务和打造世界级最优秀的成套缝制设备制造商。

“飞跃”集团就是这样一步步实现了自身的成功飞跃！

## 第三节　创新、质量与人才，是“飞跃”成功的所在

改革开放30年来，中国经济所取得的成就为世界所瞩目。“而促成这种成就的浙江民营经济应该说功不可没，而

‘台州现象’更以其高度自发性的特征而独树一帜。”

《中国经济时报》记者柴国荣和杨建平在2004年采访过邱继宝之后写文章说：“飞跃”创办之初由于没有品牌，因此在市场上很难站稳脚跟。那时上海的牌子在全中国都吃香。于是邱继宝跑到上海，找一些品牌厂家商量挂牌生产。只要能挂他们的品牌，不管上海方面条件多么苛刻，都准备一一答应下来，因这也是学习人家技术创品牌的一个机会。经过艰难的谈判，最后上海“沪佳牌”就“落户”台州椒江，而这背后的代价是每台15元的挂牌费。这让邱继宝下定决心总有一天要创出自己的品牌。为实现自己的梦想，他开始实施高起点、高投入的战略计划。邱继宝做的第一件事就是跑到上海缝纫机研究所请专家指导。这个研究所，不知跑了多少趟，都一次次碰壁而回。后来得知自己在展览会上遇到过的一位工程师出差将路过台州椒江。于是，邱继宝回来后等到那天，立即组织员工赶到轮船码头，硬是用自行车把这位工程师请到了厂里。谁知这位工程师一看厂房、设备条件连连摇头说，不能进行合作，如果在近期有所改进再来看看。送走了这位工程师后，邱继宝并没有泄气，看到还有一线希望，立即着手批土地，争贷款，进行大投入，造厂房，买设备，在短短三个月内1500多平方米的厂房和办公用房就拔地而起，并添置了一系列先进设备。当邱继宝再次把这位工程师请到厂里来看时，他惊呆了，终于答应合作。有了科研单位合作，引进了技术人才后，邱继宝就向国家商标局申请注册自己的品牌——把它取名为“飞跃”，意即让民族工业早日腾飞。1988年，国家商标局核准了“飞跃牌”商标。

现在，制造业已经成为浙江的一个亮点。用高新技术改造传统产业是“飞跃”闯出的一条新路，但人们也会问，“飞跃”这条新路离世界制造业的水平有多远？

柴国荣和杨建平在《邱继宝：“国宝”开始二次飞跃》中写道：邱继宝说，中国的制造企业与国际上的制造企业还有相当的差距，但中国制造企业有自己的亮点。笼统来说，浙江企业家最大的特点是：能整合各种资源。因为浙江省许多地区资源十分缺乏，但就是在这样的资源状况下，经济却产生了奇迹，这不能不说明这个问题。以“飞跃”为例，由于“飞跃”良好的企业文化氛围及企业发展前景，企业的人才、研发、营销网络建设等各方面都比较有优势。虽然“飞跃”地处台州，但已经拥有许多外籍工程技术人员。再加上国际产业转移的大背景，应该说，中国制造企业在激烈的竞争中仍然有顽强的生命力。以高新技术改造传统产业，邱继宝曾经说过“只有夕阳的产品，没有夕阳的产业”。当然他自己也认为缝纫机制造是一个传统的产业，但不是一个夕阳产业。现在的缝纫机和以前的产品完全不一样，随着制衣行业的产业化、规模化、个性化和舒适化，缝纫机也有了崭新的功能。“飞跃”现在的种类有500多种，每一种都是为满足不同的制衣工艺和服装款式开发的。你穿的衣服，我穿的衣服，女人穿的衣服，小孩穿的衣服等用的缝制设备都不同。像光机电一体化自动开袋机卖出了“宝马”价格，而利润是一辆“奥迪”。一个产业只要把握了创新、品质、管理三环节，它肯定会有强大的生命力。创新是企业活力之源，质量是企业生命之本，管理是企业完善之策。

柴国荣和杨建平的文章中还写道：在家用方面，缝纫机被赋予了个性化、休闲化的特征，现在“飞跃”的多功能缝纫机进入了许多发达国家的家庭。他们是把缝纫机当作一种“时尚的玩具”来购买的，目的不再是为了“缝缝补补”，更多的是为了体验一种手工制作的快乐，寻求家居饰品和自身装扮的个性化。“缝纫机改变了世界，推动了人类的进步。”缝制设备的普及满足了人类对“衣”的需求，对“美”的追求。用高科技来改造传统制造业，可能是中国民营制造企业的希望所在。美国、欧洲等国家和地区的劳动力成本非常高，但他们掌握着一些高新核心技术，而中国企业想在这方面与之抗衡，在总体上还有一定距离。因此，中国民营企业就必须走以高新技术改造传统产业，在核心竞争力上做足做好文章。创新是随时而变的，是无止境的。邱继宝常讲，创新就是和地球的转动一样：地球不转过去就永远是黑暗，一转过去就带来了光明。这个“转”就是创新。企业在发展中会遇到这样和那样的问题，即使今天没遇到，明天也会遇到。怎样去解决发展中的障碍与问题，就是用创新的手段。创新包括理念创新、技术创新、产品创新、市场创新、管理创新等等。对企业来说，转变经济增长方式最核心的就是科技创新，走高效益、低消耗、高产出、集约化的新型工业化道路。目前“飞跃”不仅在企业规模、技术研发、产品结构、制造装备上拥有自身的竞争优势，而且已经在全球建立了较为完整的市场网络，60%产品出口到100个国家和地区，在国际缝制设备领域产生了较大影响。创新靠什么？创新要靠人才。“飞跃”对人才有着优厚的待遇，邱继宝在国内外科研院校大举引进高新技术人才，并实行科研开发优先战略。目前“飞跃”已经建立多层次、开放式的技术研发体系，科技成果转化为生产力的能力空前提高，10多个产品列入国债项目、国家火炬计划项目、国家级新产品，每年都能根据市场需求开发出20多个高新技术产品，新品产值率达70%，并已经累计获得专利300多项。在产品研发上，“飞跃”采取了“四条腿”行走：以总部为中心，以北京、日本、宁波三大研发机构为支撑，将触角伸向国际缝制设备领域的最前沿。目前，由“飞跃”承担的国家重大科技攻关项目——智能化缝纫机创新开发平台，即将进入终期验收阶段。这对于加快研发大量拥有自主知识产权的产品将起到十分重要的作用。

邱继宝如实说，品牌，不仅要加强品牌宣传，更要靠过硬的质量、良好的信誉与服务来培育。他在员工中强调质量第一的信念。那时他自己亲自下车间抓质量，与员工们一起苦干加巧干，建立一系列质量检验制度。一次，因一个螺孔没有钻到位，最后整机无法组装，他一发现，立即拿起铁锤把这批不合格产品全部砸掉，并在全体工人中提出“今后如有谁损害飞跃品牌，就砸谁的饭碗”。

现在“飞跃”的员工始终把质量装在心里。可以说质量是企业的生命，有质量才能有效益，有质量才能有发展。质量管理并不局限于制造过程，还将它扩展到市场研究、产品开发设计、生产技术标准、采购、制造、检验、销售、售后服务等全过程，并且形成了总经理、全质办、质检部、车间检验、每位员工的全方位、全过程的高效运作的质量管理网络，从而建立了一套科学的质量保证体系。经国家质检总局批准，实行“绿色通道”制度，产品出口通关可以免检。现在“飞跃”已经摘得了“中国驰名商标”和“中国名牌”两项桂冠。

邱继宝说，企业家不但要创造财富，更要有社会责任感，推动社会的进步。“取之于社会，回归于社会”，一个人生不带来，死不带去。“飞跃”发展到现在，考虑最多的就是如何进一步把企业办大办强办优，把企业的发展与国家、地方的发展紧密结合起来，创出民族品牌。

从1988年“飞跃”这个商标正式出现，到今天20年时间，一个作坊式的民营企业，一个被很多人认为是“夕阳产业”的缝纫机产业，在一个修鞋匠出身的农民手中发展到如此大的规模、如此强的实力，我们不得不赞叹这个敢于吃螃蟹的人是多么可爱，他身上散发出的坚毅品质与聪慧多么值得今天的人学习！

# 第七章　卖鞋郎变成“中国鞋王”

——福建省安踏集团董事长　丁志忠



在营销学里有一个经典的故事，故事的大体意思就是，两个人先后带着一些鞋子到了一个人们都不穿鞋的小岛上，其中一个垂头丧气地回来了，另外一个却兴高采烈地回来了。垂头丧气的人说，那里的人都不穿鞋，怎么卖鞋呢；兴高采烈的人却认为，那里有一个庞大的潜在市场，于是他就向那个小岛上的人讲解穿鞋的好处，他开发出了一个广阔的市场。这只是一个故事，但是现实中也不乏这种人，当然不是说这个人也是到不穿鞋子的地方推销鞋，而是说他也是靠着自己的努力打开了一个从前没有的市场，开创了自己的一片天空。这个人就是丁志忠。这个在17岁那年独闯京城的卖鞋郎，如今成为了“中国鞋王”。作为国内第一个用体育明星做广告的运动鞋企业，丁志忠被称为“第一个吃螃蟹”的人。随后几年，中国鞋业成了体育明星与娱乐明星争奇斗艳的舞台。“明星战”、“广告战”使得中国运动鞋市场硝烟弥漫，在这场战争及随后的品牌战中，安踏却始终保持着领先地位。丁志忠说，安踏不会做中国的耐克，而是要做中国的安踏、世界的安踏。

## 第一节　草根英雄：丁志忠

福建晋江陈埭镇是丁志忠的出生地。晋江的独特之处是海外华侨多，300 万人口的地方，就有 200 万海外华侨，他们不仅让资本流进了晋江，还让市场信息以及订单涌进了这里。现在的晋江聚集了 3000 多家制鞋企业，从业人员超过 50 万人，年产各类鞋 9 亿多双，可谓名副其实的“中国鞋都”。这一切，都发源于 20 世纪 80 年代初成立的一批制鞋小作坊。

《安踏总裁丁志忠：17 岁开始的创富传奇》中记载，农民丁和木在 20 世纪 80 年代中期参与过陈埭镇一家村办鞋厂的创办。1991 年前后，他又变卖了家里的谷子、鸡、鸭等一切可以换钱的东西，并在族亲的资助下，筹集到五六万元钱，单独成立了一家制鞋作坊，这便是安踏的前身。丁和木就是丁志忠的父亲，一个原汁原味的福建农民。因此丁志忠从小就是在制鞋作坊里长大，对经商充满了兴趣。后来他回忆说，当时就是希望生活得更好，希望像别人一样有钱买摩托车，这就是他最初的经商动力。

1987 年的那个夏天，初中还未毕业的丁志忠提出要到北京发展，家里人都不理解。父亲让他说出理由来。丁志忠就说，每天都有外地人拿了钱来买东西，几乎什么都能卖掉，我们为什么不主动把晋江的商品拿出去销售？丁志忠父亲的鞋厂那时候也是刚办起来，经济并不宽裕，但却被儿子说服，掏出了 1 万多块钱给了他。攥着 1 万块钱，丁志忠走遍了小镇上的所有鞋厂，挑出 600 双他认为最好卖的鞋，乘汽车去福州，花 48 元买一张去北京的火车票。

《“安踏”与丁志忠》中写道，这一年，丁志忠17岁。两天两夜后，北京呈现在眼前。丁志忠一头扎进一个鞋子大卖场——大康鞋城，在那里租了一个柜台，600双鞋很快就卖光了。但这个细心的年轻人并没有急于回家进货，而是开始统计什么样的人喜欢购买什么样的鞋。闲暇时，丁志忠跑到北京大商场的运动鞋柜台，去观察国际名牌耐克和阿迪达斯，心里暗自做着统计。



《新西部》中记载：为了把晋江的鞋摆进北京西单商场的柜台，丁志忠天天去找商场的人，一开始别人就说不同意，还对他说：“你才多大啊，就跑出来做生意?”丁志忠硬着头皮说自己有20岁了，人家都不相信。他也不管别人的脸色，特别真诚地介绍起晋江产品的优势来，连续去了一个多月，商场的人终于答应去晋江看看。丁志忠高兴得不得了，赶紧先回晋江准备。最后，在北京所有的大商场，丁志忠都为晋江的鞋厂争取到了专门的柜台。仅两年的时间，丁志忠打通了北京最权威也是最艰难的销售通道——北京王府井商场。最后，丁志忠总结了两大成功理由：腿勤，嘴甜。

《安踏总裁丁志忠：学出来的鞋王》中写道：到1992年，丁志忠带着在北京赚到的20万元回晋江，那时丁家的鞋厂已经开设但规模很小，由他的父亲和哥哥在运营。丁志忠回晋江后，当起主管营销的副总经理。在换了几个厂名以后，丁家父子决定将厂名和产品品牌统一为“安踏”，含有“安心创业，脚踏实地”的意思。两年之后，丁志忠获得家族企业的主导权。父亲丁和木退居一线；哥哥丁世家专门负责生产事务。从此，在丁志忠的带领下，安踏走上了起飞的道路。

截至2007年，安踏国内运动鞋市场占有率连续六年第一。2007年上半年，安踏营业额同比增长203.1%，经营业绩全面超越2006年全年。公司股票在香港上市后15天，市值即达到209亿港元，在同类企业中，中国最大，世界第五。

今天，丁志忠身上又多了许多荣誉的光环：中国十大杰出青年、福建省十大杰出青年企业家、晋江慈善总会名誉会长……

## 第二节 爱拼才会赢，立志打天下

早在丁志忠初闯北京的时候，在闲暇时间，丁志忠就跑到北京各个商场的运动鞋柜台，观察一些知名品牌鞋的款式和性能，跑到大街上留意来来往往行人的脚，心里暗自琢磨着自己的打算，除此之外他还天天给商场反馈市场信息。就这样，丁志忠靠着腿勤、嘴甜和真诚，让北京所有的商场都摆上了晋江鞋，包括最权威也是最艰难的销售通道——北京王府井商场。

在北京的5年，丁志忠赚下了20万元，但通过对市场的观察，晋江鞋在北京的低价销售也深深刺激了他。丁志忠认为，晋江货质量上没有问题，但是别人的鞋一天能卖1万元，晋江鞋却只能卖3000元，主要的原因就是晋江鞋没有品牌。丁志忠决定，他要自己创立一个品牌。

带着赚到的钱，丁志忠回到晋江，创办起安踏。当时晋江的制鞋企业基本上都是在给国外品牌做加工，海外订单相当可观。但丁志忠力主进军国内市场，而且提出自己负责销售，保证能够拿到足够的订单，家族成员也一致同意他担任副总经理。

1992 年，安踏已经具备了一定的规模。一个山西的商人在北京看到安踏热销，就主动找到丁志忠要求做山西的总代理。丁志忠让他先拿走了 50 箱货，没想到 3 天后他就把鞋卖完了。

其实，在此之前，丁志忠就在考虑分级经营的加盟模式了。他相信，安踏鞋在北京能够成功，在别的城市也一定能成功。经过一番考察，他提出山西的代理一年要投资 300 万元，销售 10 万双安踏鞋，代理商同意了，并且一年之后在山西就卖出了 60 万双安踏运动鞋。

就这样，丁志忠开始致力开拓国内市场的分销渠道，到 1998 年底，安踏在全国各大中城市已经建立起了近 2000 个专营点。

绞碎百万，严把质量关，担起企业应负的责任。

海尔集团首席执行官张瑞敏，早在海尔创业初期曾经用一把大铁锤，把有质量缺陷的海尔冰箱全部砸烂了。而丁志忠也曾经做过一件类似的事情，他把价值 100 万元的鞋子放到绞碎机里，绞了个粉碎。

记者张青曾在其 2007 年的一篇文章中写道，早在 1998 年 10 月，安踏在北京的公司接到一个消费者的投诉电话，说他一双安踏才穿了三天，鞋头就有个部件断裂了。丁志忠马上指示立即赔偿并查明原因。检测结果发现，这一批鞋使用的鞋底确实存在质量问题。丁志忠想了一个晚上，作出了一个痛苦的决定，把 1 万双已经发往全国 8 个大区的鞋全部召回。然后他把公司全部员工都集中到办公楼前，那 1 万双鞋也集中堆放在地上。他对大家说：这批鞋价值 100 万元，但出了质量问题就要承担责任。不管付出多大的代价！丁志忠带头拿起一双鞋，放进了绞碎机。有的员工当场就落泪了，因为很多人以为只要返工就可以了。但他认为，人心中的责任墙一旦破了洞，就不是那么容易修复的。“如果损失 100 万能换来大家双倍的责任心，值得。”丁志忠说。

《安踏总裁丁志忠：17 岁开始的创富传奇》中记载：1998 年，耐克、阿迪达斯等国外体育品牌用明星做代言人的做法，给丁志忠很大的启发，他决定效仿国外做法，聘请一位体育方面的明星为安踏代言，以便迅速打开安踏的品牌知名度。到了 1999 年，一场国内鞋业的广告大战和体育明星大战孕育而生，丁志忠成为第一个吃螃蟹的人。丁志忠的设想是，代言人应该是一位体育方面的世界冠军。当他向一位体育界的朋友、时任中体广告公司总经理的王奇征求代言人的人选时，王奇半开玩笑地说：“孔令辉呀，他不仅是世界冠军，而且跟你长得很像。”于是，丁志忠作出了一个让陈埭镇的人非常吃惊的重大决定：安踏与国家乒乓球队签订协议，聘请当时如日中天的乒乓球世界冠军孔令辉出任安踏的形象代言人。在王奇的引荐下，丁志忠与孔令辉面谈。二人谈得非常投缘，代言之事很快达成。从 1999 年起，以孔令辉为代言人的电视广告出现在中央电视台五套节目上。当时安踏刚刚兴建起第二条生产线，一条生产线一年的利润大约为 100 万元，安踏将赌注押在这个广告上。签下孔令辉后，丁志忠决定当年就在央视投放广告。结果又是一片反对声。当年上半年，安踏的利润是 600 多万元，当时的广告预算却达到了 500 万元，股东都认为支出太大了。可是，丁志忠的态度非常坚决，他认为签约却不宣传，别人还是不知道安踏，签约费就真的是白扔了。他告诉大家，如果他判断错了，当年的股东分红就分文不取。广告播出后两个月内，并无明显成效，丁志忠本人也有些忐忑不安。但就在两个月后，全国的订货商开始蜂拥奔向晋江的安踏工厂。

孔令辉与中央电视台这两个“牌子”，使安踏迅速赢得了很高的知名度，2000多家专营点的销售大涨。安踏树立品牌的成功模式，迅速为陈埭镇上的制鞋同行所模仿，半年后，中央五套几乎成了“陈埭运动鞋频道”。但跟进者的不足在于，不掌握一个现成的经销网络，最初的广告效果不明显。丁志忠说：“安踏只是在一个正确的时间做了正确的事情，先声夺人，赢得了市场先机。”更令人没有想到的是，在2000年悉尼奥运会上，孔令辉一举夺得乒乓球男子单打冠军。这更令安踏这个晋江地区不为人知的小品牌，一举成为全国知名度极高的品牌。



记者南方在其文章里说，与孔令辉“结缘”以后，安踏销售收入的增长速度犹如坐上了火箭。据安踏提供的数据显示，从2001年到2006年，安踏销售收入由1亿元增长到12.5亿元。丁志忠认为，运动鞋只是单一的领域，应该把“安踏”定位为一个真正的体育用品品牌，要塑造品牌！

2001年，“安踏”由生产单一运动鞋过渡到生产体育用品，产品结构扩展到运动鞋、运动服装、帽袜、箱包等；同时重新打造“安踏”的店铺模式——体育用品专卖店。这是“安踏”发展的一个新阶段。

同年，北京安踏东方体育用品公司的成立，承担着专卖推广的任务。安踏订下了一年内在全国开500家专卖店的计划。所幸的是，专卖模式的推出得到了大批安踏经销商的支持，特别是一些已经发了财的经销商，都愿意把积累的资金拿出来开专卖店。2001年底，500家专卖店在各大中城市遍地开花。其中由原经销商开的自营店就占了一半以上。

2003年开始，“安踏”走上了专业体育品牌建设的路子——与专业体育运动相结合打造品牌。随着对中学生、大学生篮球联赛特别是对CBA的投入，“安踏”的专业形象越来越清晰，品牌内涵也得到成功提升。

丁志忠说，安踏就是要宣扬个性，倡导通过体育展现自我，所以安踏品牌文化的内核就是现代体育精神。安踏和耐克走的不是同一条路，耐克追求运动，以某种运动类别和运动项目出现，而安踏更多的是以一种运动休闲的形象出现。安踏不想做中国的耐克，而是要做中国的安踏、世界的安踏。就是要通过树立自己的鲜明个性，成为“中国乃至世界大众都喜欢的安踏”。

“企业面临的路只有一条，唯有创新，没有守业。”丁志忠虽然说得漫不经心，但他走过的轨迹就是对这句话的精彩诠释。当制鞋企业忙着开工厂赚钱时，丁志忠就明确了“安踏”要走品牌之路；当一批批鞋厂都在模仿安踏的“体育明星＋央视广告”营销方式时，“安踏”已经走在专业体育品牌建设的路上；当其他企业在揣摩学习“安踏”的销售网络和渠道拓展时，丁志忠已经为“安踏”由家族企业向公众企业转型——上市，做准备了。

南方在《安踏总裁丁志忠：17岁开始的创富传奇》中写道：“让专业的人做专业的事”是丁志忠经常说的。在福建晋江，前跨国公司高管最集中的地方，可能就是安踏公司总部。安踏60％的总监或副总监都来自像沃尔玛、宝洁这样的跨国公司。安踏无疑也是跨国机构人员经常可以碰头的地方。丁志忠聘用智威汤逊为其做广告策划，聘用科尔尼为其做战略咨询，聘用摩根士丹利为其做上市承销服务……给予充分的授权，让专业的人做专业的事，是丁志忠现在极力主张的。一次，一位公司业务主管来到他的办公室，向他汇报一个情况：由于给美国客户配送的一批运动鞋发生了号码错误，对方索赔3万美元。这位主管问丁志忠该怎么办，他说："你不要问我该怎么办！你自己来决定该不该赔，并且查出谁应该为这起错误负责。"这位主管只好退出丁志忠的办公室。推崇新管理方式后，丁志忠将自己从公司事务中解放了出来，据说现在他在公司每天只签署不到5份文件，每个月只参加3个内部会议。他将大量时间用于吸收有效信息，与公司员工进行交流，并且清醒地思考公司的战略问题。在2004年之前，丁志忠始终觉得公司不缺钱，也因此从未考虑过使公司进入资本市场，甚至拒绝外来投资者。但就在那一年，李宁公司的成功上市使他改变了想法。他开始意识到，上市不仅仅可以募集资金，还可以使公司治理规范化，消除家族企业的管理弊病，更易于吸引人才。现在，丁志忠在安踏工厂的每一个路灯上都高高地悬挂着一个条幅："中国第一，世界前十。"这些条幅展示着一个小镇鞋王的雄心。

丁志忠对安踏的上市踌躇满志，他经常提到的就是企业家的责任感和使命感。丁志忠正面临着企业上市转型、战略调整的新挑战。他坦言，上市的最大压力来源于要确保企业可持续性发展，确保给投资者带来良好的回报。

## 第三节　扎根草根　演绎不凡

来自草根，扎根草根，成就了安踏。更重要的是，丁志忠带领的安踏总是会在别人之前出奇制胜，这就是敢于创新、敢于尝试。

《中国现代企业报》记者中国红2007年在其文章中为我们展开了非常详细的叙述：1999年，安踏签约乒乓球世界冠军孔令辉，凭借孔令辉在央视的一句“我选择，我喜欢”，安踏从那些同质化严重的福建晋江制鞋企业中脱颖而出，走进了大众的视野。而在2000年悉尼奥运会上，孔令辉力克瑞典老将瓦尔德内尔夺冠的一幕在让国人精神振奋的同时，安踏品牌更是牢牢地铭刻在了国人心中。如果说孔令辉打开了安踏的知名度，使安踏成为一个大众所接受的品牌，而借力于巴特尔、王博，则可以说是安踏在专业化方面的成功试水。巴特尔使安踏历史性地成为第一个NBA球员在国外赛场上穿着的中国运动品牌，安踏“健康向上、运动激情”的品牌个性又在王博等年轻球员身上得到了精彩表现。自从2004年成为CBA联赛战略合作伙伴以来，安踏建立了国内第一个高科技的运动科学实验室，成立了中国第一个运动力学脚型库。2005年11月，运动科学实验室对CBA中15名脚型较为特殊的球员的脚部数据进行了研究，为他们专门制作了特码鞋。安踏希望借助签约球员更便捷地得到更多的专业数据，为球星们打造更符合他们各自特点的篮球鞋，以提高产品的专业化程度。强大的代言人阵容成为安踏品牌世界的有力支柱，也成为安踏专业化追求的见证者和体验者。明星身上所体现的体育精神成为安踏品牌精神最有力的注脚，对体育精神的把握和深入理解也成为安踏与其他品牌深度较量的基础。

《中国现代企业报》记者刘鹤翔在其《丁志忠：我们都是草根英雄》一文中写道：有了新成绩，新的问题也随之出现。自从安踏请了孔令辉做广告，搞出了名堂，民营企业家谁也不服谁，当地同行们的这种情绪就像毒瘾一样传播散开：你找孔令辉，那我就找王楠、马琳。乒乓球运动员找完了，我就找羽毛球运动员，都没有了就把影视明星找来。这一拨仓促出战的同行们似乎来不及拿出更多的创意，他们的做法就是沿着安踏的成名路线走一遍，花大价钱请形象代言人，耗巨资做市场推广，其中不少企业是匆匆忙忙地上路，开足马力追赶安踏。一时间，央视五套的运动鞋广告铺天盖地。由于这些运动鞋广告基本上来自晋江，所以在一段时间内竟被称之为“福建频道”、“晋江频道”。

丁志忠就是和别人不一样，记者中国红在其文章中说：丁志忠就是一个“另类”，当各个企业都在找名人代言，当人们早已习惯了体育品牌广告中那一张张大众所熟悉的明星脸、继而认同了所谓的“明星效应”的时候，2006 年 9 月安踏一改常规，将一张张“平民面孔”和一幕幕生活中的运动场面大胆地放在新广告片中。为此，很多人不禁为安踏捏了一把冷汗。然而这条相对于中国传统的运动品牌广告不仅没有让观众失望，也没有让安踏人失望，随着新广告片的播出，安踏的品牌形象焕然一新。很多人认为这则广告的视觉冲击力和节奏感很强，张扬甚至挑衅的广告语所传达的励志精神给人留下了深刻印象。“通过这个广告，我们的品牌力明显提升了。”安踏品牌总监徐阳对此充满了自豪感。徐阳坦言，在刚开始做这个新概念的时候其实是很有顾虑的。安踏的目标消费者是14岁到26岁的年轻人，他们是最容易被时尚感染的人群，但他们是否能接受这种拼搏、励志的文化？为此，安踏的工作人员拿着新广告片在全国7个城市进行了有针对性的市场调研，调查对象包括中学生、大学生、职场新人，这些都是安踏的目标消费群体。回想起市场调研的经过，徐阳对于其中的一个插曲至今记忆犹新：一个即将参加高考的小男孩用手机把尚未投放的广告片拍了下来，说要打印出来挂在床头用以励志。调研的结果就是，“时尚”和“励志”并不矛盾，这些年轻人同样需要激励，他们希望在广告中看到和自己一样的普通人的身影，他们也有梦想，而承载他们梦想的并非只有明星。但是深谙营销之道的安踏并没有因为连续6年蝉联年度运动鞋市场综合占有率第一名的成绩而忘本，正如徐阳所说：“安踏的目标受众是一群有梦想的普通年轻人，他们是不堪学业压力的高中生，是迫切需要自我实现的大学生，是在职场底层努力打拼、渴望出头的职场新人。他们需要找一个渠道来释放自己，有一个目标可以去赢取，允许他们进行任何形式的自我表现和炫耀张扬——这个渠道就是运动：自强不息、千锤百炼的体育精神正迎合了他们内心的需要，成为激励他们不断努力、不断超越的精神武器，而他们身上所体现的正是草根文化。安踏就是要做既能满足品牌消费需求，同时价格又合适草根的产品。安踏希望做的，就是为这些草根提供实现梦想的机会和可能。”

除此之外，丁志忠领导的安踏又转入了另一类创新。刘鹤翔记者在其文章里记述，到2003年安踏销售网络大规模转入直营，截止到2005年年底安踏已经控制了40%的终端，而这40%的自营店占据了公司60%的销售额。同时，安踏投入大量资金，建设了200个左右的旗舰店。另外，值得一提的是，安踏的网点扩张和淘汰是同时进行的。这表明安踏的网点扩张已经进入了成熟阶段，已经不再是简单地为扩大销售业绩，而是将品牌建设、市场影响、销售业绩和长远发展有机地结合在一起。自2006年以后，安踏的专卖体系渐入佳境。安踏在全国范围内构建安踏品牌旗舰店，以及推进运动用品零售城建设，进入运动文化大卖场时代。同时，安踏还有意进入体育用品零售领域，打造综合连锁业态。根据安踏招股说明书显示：安踏在上市后将投资5.5亿元开设特许国际运动品牌、零售店铺，并在中国主要城市开设运动城及安踏旗舰店。同时还将投资4.4亿元进一步扩充和提升安踏的销售网络。

但是不管走什么创新之路，丁志忠总是有着一种“草根”情怀，这也许就是安踏万变不离其宗的根本。《丁志忠：我们都是草根英雄》中详细记载着这个小故事。

2008年，安踏公司举办了一个活动“安踏十大草根英雄人物评选”。评选由公司的数千名普通员工投票，员工中谁的事迹感动大众和评委，谁就能赢得“十大草根英雄”席位。相对于管理部门的“官方”评优，“草根英雄评选”是一个民间的活动。到授奖的时候，这些来自生产一线的“草根英雄”与级别比自己“高九级”的安踏董事局主席丁志忠站在了一起。除了生产线上的工人，在安踏，“草根”有着更广泛的含义。自2006年以来，安踏发起了安踏CBA草根计划，由圆梦CBA安踏KO街球赛、安踏选秀CBA训练营和圆梦CBA安踏KO街球赛总决赛暨球迷嘉年华三部分组成，面向那些有着体育梦的普通年轻人，帮助他们实现从“草根”到球星的梦想，“草根”已经成为安踏文化的一个核心。或许，对于草根文化，安踏的一条新广告最有诠释力：“你没有他的天赋，你没有他的条件，你无人喝彩？世界不公平？让心跳成为你的宣言，让伤疤成为你的勋章，让不公平的世界在你面前低头！”作为体育用品生产商，安踏在“草根”市场上深耕了15年。14岁到26岁的年轻人是安踏的主消费群，这个群体在中国多达上亿之众，而他们中间的大多数属于“买不起耐克的人”。“草根”是丁志忠认定的安踏文化精神，消费者和员工是“草根”群体，安踏是“草根”企业，而他自己则是“草根”企业家。

《经济观察报》2008年3月10日刊登了记者魏黎明的一篇文章，其中写道：这位闽南商人以自己的个性推动着企业“永不止步”。在此过程中，安踏也由间小作坊成长为一家市值超过200亿港元的上市公司。而现在，丁志忠希望通过不断淡化自己的作用，来实现安踏新一轮的“蜕变”。2004年开始，安踏即聘请国际顶级咨询公司AT科尔尼制定企业战略规划。“做规划之前，安踏的业绩也一直在增长，但是为什么增长？怎么才能继续增长？不知道！”安踏品牌总监徐阳说，“规划之后，增长速度可能还慢了下来，但是实现了可持续增长。”规划当中，上市是安踏蜕变的必经之路。利用上市，丁志忠说他很清晰地解决了一些历史遗留问题。上市后，原先在安踏任要职的多个丁家人，现在只剩丁志忠兄长丁世家仍出任副总裁。“全球华人企业基本都是家族企业，重要的是股权家族化，管理职业化，如果管理也家族化，没有一个做大的。”在企业经营管理方面，丁志忠“去家族化”的决心很坚定。因此，他近来讲的最多的就是要在安踏实现“四化”建设，即企业的职业化、规范化、系统化和信息化。丁志忠也承认，企业现在需要的不是个人能力而是需要公司的整体运作，而他现在思考最多的是如何“从我的个人能力转换为整体组织的能力”。因此，丁志忠十分重视利用人才。

除了创新与坚持草根本色，丁志忠带领安踏奋勇前进的动力还有他的梦想。他曾经说：安踏在全国运动鞋市场上连续多年占有率第一，但目前全世界所有体育运动知名品牌中几乎没有中国的品牌，可他们绝大部分又都是在中国制造。所以，他的最大的愿望就是在不远的未来，一定要占有中国这个市场，要让全世界看到中国人自己的品牌！

1970 年出生的丁志忠，今年还不到 40 岁，但已经做了多年的“中国鞋王”。通过他的奋斗经历，我们或许可以看到一个民族企业成长的过程，或许可以看到一个农民的睿智！

# 第八章 “中国第一商贩”

——安徽省芜湖市“傻子瓜子”创始人 年广九

“农村改革初期，安徽出了个‘傻子瓜子’。当时许多人不舒服，说他赚了100万元，主张动他。我说不能动，一动人们就会说政策变了，得不偿失。”这句话位于《邓小平文选》第三卷第371页中，这是1992年邓小平在南方讲话中提到“傻子瓜子”时说的。至今，这段话在“傻子瓜子”的包装和创立者年广九的名片上仍然保留着。在年广九眼中，这句话对他产生了巨大的影响；在民营企业的发展中，这也已经成为改革开放的一个见证。自1978年以来，中国改革开放的总设计师邓小平一共3次提到年广九和他的“傻子瓜子”。



## 第一节 “中国第一商贩”：年广九

2008年4月28日记者吉吉在《民营经济报》的一篇文章中写道：年广九号称“中国第一商贩”，因被邓小平多次在高层提及并收入《邓小平文选》而闻名全国。1972年，可以说是全国最早的个体户之一的他偷偷炒瓜子出售。到了1980年12月，年广九在安徽芜湖注册了“傻子瓜子”注册商标。《邓小平文选》第二卷注释第43条，这样解释

"傻子瓜子"："指安徽省芜湖市的一家个体户，他雇工经营、制作和销售瓜子，称为'傻子瓜子'，得以致富。"

吉吉的文章回顾了当时的国家政策以及年广九的企业发展：

1981年10月17日，《中共中央、国务院关于广开门路，搞活经济，解决城镇就业问题的若干决定》发布，为个体经济大力正名。这里对个体经济提出了"引导、鼓励、促进、扶持"的八字方针。1981年，全国个体户达到261万户，从业人员320万。年广九也从1981年9月开始雇工，当时雇了4个人。到1983年，雇用的工人增加到103人，加上他儿子的分店，雇工达140多人。日产瓜子5000公斤，月营业额60万元。但他的雇工问题引起轩然大波。因为当时社会上有一种争论，雇用7个人以下算个体户，勉强算是社会主义的；而雇用8个人以上，性质就变了，变成资本主义的私营企业了。那么，到底该怎么给年广九定性呢？转眼到了1992年。1992年初春，邓小平同志已88岁高龄，毅然南巡，发表重要讲话，又重提了"傻子瓜子"，"安徽出来个傻子瓜子问题，当时许多人不舒服，说他赚了100万元，主张动他。我说不能动，一动人们就会说政策变了，得不偿失。像这一类的问题还有不少，如果处理不当，就很容易动摇我们的方针，影响改革的全局。"他的这些讲话，冲破了姓"社"姓"资"的阴霾，不仅给"傻子瓜子"创始人年广九巨大的鼓舞，更给全国个体、私营经济的创业者和从业者吃了一颗定心丸，也带动了当时的"下海潮"。

转眼到了改革开放30年后的今天，曾经风光无限的"傻子瓜子"或许在一定程度上已经失去了往日的风采，但是依然有无数慕名而来的人来到安徽芜湖追访这位已经年逾古稀却声音洪亮、手持一部属于20世纪的砖头般大小手机的老人，只是因为年广九身上所承载的那段与中国改革开放息息相关的传奇往事。记者吉吉在《被小平关注的“傻子”年广九》中说：就是这位老人，一生三次获罪，罪名分别为“投机倒把罪”、“牛鬼蛇神罪”、“流氓罪”；三次被邓小平点名（其中两次被《邓小平文选》收录），分别为1980年、1984年、1992年，而这刚好踏上了改革开放的三个重要转折点。他的命运在风口浪尖处数次因改革开放的总设计师邓小平同志的“点名”而化险为夷，起伏跌宕却恰恰暗合了我国个体私有经济的发展进程。

不管怎么说，年广九真的是一个“奇人”。他的身后总是不乏不屑甚至鄙夷的目光；他目不识丁，却认为自己深谙实践中的经济学，商海沉浮一生，他自有在活生生的市场里摸爬滚打中摸索出的生意之道。就是这个卖瓜子的“傻子”，靠着“多抓一把”而广结人缘，把生意做得红红火火，在20世纪80年代初成为百万富翁。他曾这样说，“那时候最大的钱就是5块、10块，一袋袋都是大麻袋装着。天下大雨，我的钱都发霉了，我就拿出来晒，我就是晒给别人看。”他的四次婚姻成为人们的笑柄，但他仍认真地把自己与妻子的婚纱照印在名片上，而名片背面则印着邓小平关于他的讲话。

提及往事，年广九得意之色溢于言表，只是当年的他恐怕没有想到，他就这样成就了一个大行业——徽派“炒货”，也成为“敢”字当先的中国第一代个体“暴发户”的代表。

## 第二节 细说“傻子”的故事，看三十年改革开放

姚远在《党史纵览》“纪念中国改革开放30年”专栏中发表的《“傻子瓜子”见证私营经济发展历程》这篇文章，为我们了解“傻子”年广九的故事提供了详细的资料，我们在此引用这篇文章，让大家来了解年广九的故事。



早在改革开放之初，一场围绕“傻子”的争论就曾传遍全国，并对中国的改革进程产生了一定影响。“傻子”就是年广九，安徽省芜湖人。改革开放初的1980年12月，年广九注册了“傻子瓜子”商标。随着这一品牌的打响，他的瓜子生意越做越大，雇工超过100人，在全国引起褒贬不一的评价与激烈的争论，一度被称为资本主义的私营企业。为此，邓小平在两次重要的正式讲话中均提到安徽的“傻子瓜子”问题，使“傻子瓜子”重获新生，也带来了中国个体私营经济发展的春天。“傻子瓜子”的几起几落、风风雨雨，见证了中国推进经济变革特别是个体私营经济发展的曲折历程。

姚远写道，早在20世纪六七十年代，年广九就曾经是当时政策下“投机倒把”的典型。文章回顾了年广九的“历史”：1937年，在抗战爆发的硝烟岁月里，年广九在淮河岸边的怀远县出生了。不久后的一次淮河水灾，让年广九一家从蚌埠农村逃荒乞讨迁到芜湖。失去了生活来源的年广九的父亲，在长江边的芜湖市摆起了小摊，靠贩鱼勉强维持一家五口的生计。窘迫的生活使年广九也早早学会了街头叫卖。新中国成立后，年广九还是以街头摆摊为生。但是，后来政治运动接二连三：水果摊被当做“资本主义

尾巴”给割掉了；贩板栗受到“打击投机倒把办公室”的清查。1963年，年广九由于贩鱼被戴上“投机倒把”的帽子在狱中关了9个月。出狱后，年广九思考着谋生的路子。他想，自己以前常做的水果生意有一个缺点，因为水果容易腐烂，每次都不敢进太多，只能贩一点卖一点，这样让他感觉很累。所以，20年下来，他对这种生意已经厌烦了。1971年和1972年连续两年因为气候原因，各地水果歉收，立秋以后贩不到水果，全家人生活无着。为了养家糊口，年广九感到不改行不行了，但是具体干什么，他心里一时半会儿仍然没个底儿。情急之下，他就去请教父亲生前的好友熊仁寿大伯。熊仁寿拍拍他的肩膀说：“小九子，你可以试着去炒瓜子啊。瓜子又不像水果那么容易坏，可以保鲜好几个月。你回家买口大锅，请瓦工砌一个炉子，再到供销社买些瓜子、桂皮、香料和食盐等原料，明天我去教你怎么炒。”年广九觉得熊仁寿说得很有道理，立刻兴致勃勃地回家按照熊仁寿的指点做了。第二大一早，熊仁寿就来他家教他炒瓜子。当天，年广九把炒的瓜子包成275个小包，带到电影院门口去卖，每包5分钱，结果不到两个小时就卖完了，净赚了8.85元。瓜子在今天虽然不是什么稀罕物，但在20世纪60年代，它却属于统购统销物资，个人经营被视为“投机倒把”。“文化大革命”开始后，年广九成了芜湖市“运动”的对象，因为同样的罪名，他再次入狱，又被关了20多天。但是，历次的打击却没有磨灭年广九的意志。“文化大革命”期间，大家都在“关心国家大事”，他的瓜子事业却“偷偷摸摸”地发展起来。

姚远在文章中说：年广九每天晚上七八点钟开始炒瓜子，一炒几百斤，一口气干到第二天早晨5点，之后洗洗脸，稍微睡一会儿。7 点钟左右，他又起来，开始把炒好的瓜子分包包好。中午 12 点左右，人们下班时间到了，他就出去偷偷地卖。下午再包，到 6 点钟人们下班时间再卖。如此循环往复。年广九回忆说："那时一天卖了 10 斤瓜子，不敢卖，偷偷摸摸卖。师傅就讲了，跟他们打游击战，他来我跑我躲，他走我摆。"改行做起瓜子生意的年广九，凭着聪明能干勤劳吃苦，很快就掌握了炒制瓜子的门道，生意越做越红火，生活也开始好转。他开始寻思扩大生意，搞个像样的铺面。可是，拥有一个属于自己的瓜子炒货店，这在当时看来是一件根本不可能的事。好在接下来，年广九遇上了逐渐好转的形势。20 世纪 70 年代末 80 年代初，1700 万知青返城给城市就业带来了空前的压力。解决这些人的就业成为一件迫在眉睫的事情。1980 年，从事个体营业的人数增加到 86 万人，比 1979 年翻了一倍多。1981 年，中共中央在一份文件中指出：必须着重开辟在集体经济和个体经济中的就业渠道，使城镇劳动者、个体经济得到健康发展。"大门"开了一条缝，胆子大的人就先干了起来。在大小城镇的街道巷子里，出现了卖早点的、卖农副产品的。而感觉敏锐的年广九在芜湖的十九道门摆起了一个卖瓜子的固定摊位，再也不用像以前那样东躲西藏的了。人家买一包，年广九会再另外抓一把给人家；人家不要，他会硬往人家口袋里塞。渐渐地，他的摊位以瓜子质量上乘、价廉物美和热情大方的售卖方式赢得了顾客，还落了个带点调侃意味的"傻子"名号。来买瓜子的人络绎不绝，有人提议年广九给瓜子取个叫得响的名字，后来他也就乐呵呵地干脆称自己的瓜子为"傻子瓜子"。越来越火红的生意让年广九开始尝到了甜头，而每天卖完瓜子晚上回来清点账目是他最高兴的时候。

《“傻子瓜子”见证私营经济发展历程》中记载：1981年9月4日，年广九正在家中炒瓜子，突然来了4个人，为首的是分管财贸的副市长，其后还有工商局、公安局的人等。数次进过监狱的年广九一见这些人，心里就忐忑不安。这次他们是干什么来呢，是罚款、逮捕他还是抄他家呢？炒瓜子谋生，难道也犯法了？难道政策又有变？他正在揣测时，这位副市长微笑着伸出手来同他握手，问他生意为什么在老百姓中评价这么好。听了这番话，年广九心里的石头才落了地，知道不是来找他麻烦的。市领导在品尝了年广九的瓜子之后，说：“口味很好。要放开干，把瓜子牌子创出来，打到各地去，为芜湖争光!”年广九炒卖瓜子的事也引起了芜湖人民广播电台记者陈国胜先生的注意，他凭着记者的敏感前去采访。陈国胜回忆说：“当时，年广九他不像现在这样火得老有许多记者来访，可以说是从来没有哪个记者去采访他。他当时坐在一个长条凳上，弯着腰在等着我，虽然天色已经暗下来了，8点钟左右，尽管是夏天，但是他很耐心地等着我。我当时形容他弯着腰坐在长凳上就像一个大问号。他给我的第一印象就是口若悬河，夸夸其谈。他很能讲，他首先就讲我要把国营企业瓜子生意打下去……”第一次接受媒体采访的年广九给采访过他的记者留下了深刻的印象。1981年9月5日，《芜湖日报》头版发表了题为《货真价实的“傻子瓜子”》的报道。就这样，“傻子瓜子”的名声在全市乃至更广的范围被传开了，顾客纷纷慕名前来，生意十分火暴。当年采访过年广九的记者陈国胜回忆说：“第二个月，他的生意营业额就翻番。大概是一个月之后，我再次到他家里去采访，他跟我见面第一句话就是，不同了，现在是鸟枪换炮了。当时我一看，什么鸟枪换炮，你还是在这个地方，就在他家后院炒瓜子，没有鸟枪换炮。但他讲的意思就是说他的产量翻番了，他的营业额翻番了，甚至不止一番二番。”事实上，早在 1978 年，“大胆”的年广九，就曾“冒天下之大不韪”，偷偷地雇了一个帮工。看到市场需求的旺盛，年广九想到了扩张。这时，党的十一届三中全会已经召开，大地回春。没想到的是，他的扩张计划遭到了他的前任妻子耿秀云的激烈反对：“你坐牢还没有坐够么?!”“我相信邓小平，相信十一届三中全会的方针不会变。”年广九态度坚定地说。

姚远的文章中写道：年广九，认定了的事就要干到底，而且非干成不可。这是年广九的一贯作风。这样，从 1981 年至 1984 年，年广九的雇工由 3 人发展到 103 人，红火一时。仅 1984 年就纳税 30 多万元。1984 年，“傻子瓜子”日产 9000 公斤，成为当时中国雇工人数最多的个体户。然而，随着市场瓜子销量的增加，国营的、集体的和个体的瓜子经营者共有五六家纷纷上市，年广九家瓜子的销量也因此受到影响。为此，灵活聪明的年广九又想出了两条妙计：一条是薄利多销，将每斤瓜子的价格由 2.4 元下降到 1.76 元；二是足斤足两，童叟无欺，少一罚十。这一招果然灵验，两三天内，他家瓜子的销量猛增，每天销售达到 1500 公斤左右，而且逐日增长。这时，《光明日报》在头版对“傻子瓜子”作了报道，来自全国各地的人纷纷上门前来订货。可是，年广九的作坊规模小、人手少，供不应求怎么办呢？年广九迅速在市郊办了 3 个瓜子加工厂，雇工 30 多人，日加工量从 3500 公斤增加到 5000 公斤。不久，他顺势而上，在合肥、蚌埠、淮南、马鞍山、铜陵和安庆等城市设立16个代销点，由原来单一的零售发展到代销、促销和批发等多种经营形式。紧接着，年广九又把瓜子卖到了上海，在上海南京路和淮海路两家食品店开设了销售点。上海《文汇报》、《解放日报》和《新民晚报》均陆续对此作了报道，上海话剧团还演出了《傻子进行曲》的话剧。这立刻引起了不小的轰动，来这两家店买瓜子都得排队。接踵而来的是全国10多个省份50多个城市的客商到芜湖，要与年广九合作，让他应接不暇。1982年下半年，年广九在城郊租地建房办起了第4个瓜子加工厂。这个厂子有10口炒锅，日产5000多公斤。后又陆续在南京、无锡、苏州和昆山办起了加工厂，单是芜湖这边厂的雇工就有103人之多，他也因此成为当时中国最大的个体户。年广九还依靠灵活的经营手段，将产品迅速打进北京、上海、南京等大城市。很快，年广九成为中国最早的百万富翁之一，人们称他为“中国第一商贩”。由于103这个数字大大超过了国家工商局有关个体户雇工最多8个的规定数字，社会上对年广九的非议也越来越多，“年广九是暴发户”、“年广九是新型资本家”、“年广九搞资本主义”等等。对此，年广九在一开始是不知道的，后来才陆续有所耳闻。“姓资还是姓社”的争论，从党政机关传到理论界，从芜湖传到省里……100多人的私人企业，在改革开放初期的中国绝对是个另类。有人还把年广九雇工问题反映到更高层。接着，在一次全国工商会议上，又有人提出年广九雇工人数超过国家规定，对国营、集体商业形成不利影响，应该限制其发展……这些聚焦在“傻子瓜子”身上的诸多争论，集中反映了改革开放之初中国的经济改革现状和发展走势，是一个极具代表性的问题，自然引起高层的关注。邓小平第一次接触到“傻子瓜子问题”是在1982年底。当时，他看到由中央农村政策研究室主任杜润生转交的关于“傻子瓜子雇工问题一份调查报告”。看完之后，邓小平明确地对杜润生说，对傻子瓜子问题要“放一放，看一看”。尽管如此，省市两级领导有关部门还是组成两个调查组，写成了两份调查报告，前者送给了当时的安徽省委书记周子健，后者上报到国家工商总局。



《“傻子瓜子”见证私营经济发展历程》中写道，1983年12月6日，国家工商总局负责人到国务院，向当时的万里和姚依林两位副总理汇报年广九的问题，说他偷税；还有一部分同志对他经营规模这么大、雇工这么多表示担心，提出要加以限制。姚依林听了报告后，说：“傻子瓜子偷税不对，财政部的税收要跟上。但他把瓜子炒起来了，以前有不少人炒，‘文革’把炒瓜子的抄家了。‘傻子瓜子’不是坏的，是拾遗补阙，再等一等。现在全国个体户600万，不到1000万，比1949年少多了，他们是不该限制的。”国家工商总局负责人又说：“还有些同志建议用国营和集体的形式逐步代替个体。”万里听了这话后，摆摆手说：“不必慌张地去代替。共产党为什么不出‘傻子’？出了‘傻子’为什么不用起来？傻子瓜子为什么不能成为商品？芜湖为什么不就社会需求？”当然年广九并不知道邓小平同志的指示和两位副总理的讲话。不过，他感到他的生意好做了，外在的干扰少了。于是，他下定决心大干一场，把瓜子卖到全国。于是，他又到10多个省市陆续办起了23个加工厂，规模不断扩大，销售触角延伸到150多个城市，几乎占领了大半个国内市场。“傻子瓜子”的“雇工问题”的讨论，也引起了时任安徽省农委主任周曰礼的注意，并专门派工作人员杨绩龄到芜湖进行了调查。周曰礼回忆说："杨绩龄这个报告当中只写了四五个人，三个人是亲戚，两个是农民，雇了五个人。其实，我们知道不知道这是假话？知道。我们当时是什么态度呢，这个问题的焦点不在三个五个，不在这个，关键在这个雇工到底是不是剥削。我们只是客观地把这些情况向中央反映一下。这个明眼人一看就知道，像'傻子瓜子'就是雇那么多人，他也成不了资本家。"不久，周曰礼同志把这份调查报告带到中央农村工作会议上。当时安徽带的材料很多，却选了这个调查报告送到中央农村政策研究室。中央政策研究室对它十分重视，将此事向小平同志作了汇报。小平同志看了这个材料以后，于 1984 年 10 月 22 日，在当时的中央顾问委员会第三次全体会议上明确指出："前些时候那个雇工问题，相当震动呀，大家担心得不得了。我的意思是放两年再看。那个能影响到我们的大局吗？如果你一动，群众就说政策变了，人心就不安了。你解决了一个'傻子瓜子'，会牵动人心不安，没有益处。让'傻子瓜子'经营一段，怕什么？伤害了社会主义了吗？"邓小平的直接点名，使年广九免受灭顶之灾，更传达出中国政府鼓励发展私营经济的最高层的声音。邓小平的讲话以后，关于雇工问题的讨论渐渐消失无声了。年广九继续雇用工人炒卖着他的"傻子瓜子"，生意依旧红火。"傻子瓜子"带动了整个芜湖市瓜子炒货业的发展，大街小巷出现了不少炒瓜子的作坊和瓜子店，芜湖因此又多了一个"瓜子城"的称号。后来，为了减少麻烦，年广九主动向工商部门提出联合经营的建议，挂牌成立了"芜湖市傻子瓜子公司"，新芜区劳动服务公司和芜湖县清水镇工业公司两家与他签订了联营协议，他们出资 30 万元，而年广九以商标权和技术入股，并担任总经理。与公家单位的联营，使他感觉找到了“保护伞”，可以摘掉“资本家”的帽子了，自己也成了“公家人”。于是，他拼命抓生产抓经营。当上总经理的年广九踌躇满志，他甚至开始构想建立一家跨国公司，成立一所“傻子瓜子大学”……

《“傻子瓜子”见证私营经济发展历程》中还记载了年广九的一个真实故事。1985 年，中国商界刮起了一股有奖销售的旋风，敢想敢干的年广九当然不会错过这个机会，而且他要弄成全国最大的有奖销售，借此再次扩大“傻子瓜子”的知名度，压倒竞争对手。在与几位副经理商量过后，他们决定印刷奖券 150 万张，设计十等奖。一等奖为价值 2.6 万元的菲亚特小轿车一辆，二等奖为价值 2600 元的幸福牌摩托车一辆，其他等级的奖项奖品包括彩电和冰箱等。从 1 月 5 日开始，年广九着手筹备，并设法取得银行的信用担保，同时在全国 30 多个城市设立有奖销售点，投入 10 多万元的广告费在全国 30 多家媒体做广告。消费者每买一斤瓜子，得奖券一张，提价 1 角。这场活动声势之大、范围之广，令全国一切有奖销售活动黯然失色。他计划在 2 月 5 日推出有奖销售，5 月 1 日结束，5 月 10 日到上海当众开奖。按照年广九的计划，每公斤加 2 角钱，3 个月至少卖到 500 万公斤，多赚的 100 万元除去税收，用来发奖绰绰有余。销售 500 万公斤，毛利有 500 万元，除掉生产费用和原料支出，可得利润 170 万元，再扣除所得税，公司依然可获纯利 100 万元。2 月 5 日，有奖销售活动如期在全国各地推出。当天，仅芜湖市场的销售量就达 3.1 万公斤；2 月 12 日一天，全国各地共卖出 45 万公斤，创造了瓜子销售以来的最高记录。到了2月22日，前后17天，一共销售出238万公斤，销售额达700余万元。全国各地来电来函来人要货的络绎不绝，年广九的5家工厂每天24小时不停地加工，还是供不应求，真是盛况空前！就在年广九非常得意之际，却发生了一件让他万万没有想到的事情。3月6日，几位官员来到他的办公室，将一份国务院文件放到他面前，正式通知他："国务院来文，全国有奖销售活动，因有趁机提价、推销残次商品、欺骗顾客、扰乱市场之嫌，因此一律废止。你的有奖销售也不能例外。"年广九一听脸色煞白，立即就傻了，说不出一句话来，欲哭无泪。最后，他对他们说："上面不是说公司有自主经营权吗？谁来保护我的自主经营权呢？"可是，这话说了有什么用呢？年广九很清楚，有奖销售一旦终止，他的大祸就会临头。果然，不出几天，汹涌而来的退货大潮涌进公司，瓜子大量堆积、变质，资金不能回笼。法律纠纷也随之而来，最终导致公司亏损63万元，这个金额是注册资金的两倍多。由于他不大懂法，接下来的一场官司更如火上浇油，让他再次损失90多万元。公司因此从"波峰"一下子跌到"谷底"，一蹶不振。

众所周知，20世纪80年代末，姓"资"还是姓"社"的讨论在报刊上开始随处可见，私营经济再次成为敏感词汇。刚刚起步的私营经济对政策的变化非常敏感。一些私营老板甚至把工厂交给集体，化私为公。短短几个月，全国个体户就锐减360万人。1987年后，中国的私营经济进入一个曲折发展时期，年广九和他的企业也不例外。由于银行拒绝继续贷款，"傻子瓜子"开始失去了较大规模的生产和经营能力。

姚远在文章中也记述了年广九“倒霉”的一件事。1987年底，芜湖市新芜区检察院根据举报，对年广九经济问题开始立案侦查；1988年12月，检察院对年广九进行收容审查；1989年9月，芜湖市检察院以年广九犯有贪污、挪用公款及流氓罪向市中级法院起诉，指控他贪污4.38万元。后经“调查核实”，1991年5月，芜湖市中院对年广九案进行公开审理，一审判决年广九贪污罪不成立，却以流氓罪为由，判处有期徒刑3年，缓刑3年。《芜湖日报》这家当年第一个报道傻子瓜子、给年广九带来了众多声誉的报纸，在头版刊出了年广九被捕的消息。在年广九的案子还没开庭时，街头巷尾已经热闹起来。很多人都在关注这场“名人”官司……



天无绝人之路，《“傻子瓜子”见证私营经济发展历程》中写道：令年广九没有想到的是，在这命运攸关之际，邓小平又一次保护了他。90岁高龄的邓小平在著名的“南方谈话”中又一次提到了“傻子瓜子”，“农村改革初期，安徽出了个‘傻子瓜子’问题。当时许多人不舒服，说他赚了一百万，主张动他。我说不能动，一动，人们就会说政策变了，得不偿失。”邓小平的讲话再一次让年广九起死回生，获得了生机。这篇著名的南方谈话也为中国的改革开放开辟了新路，再次为中国个体私营经济发展打开了绿灯。1992年3月，芜湖市检察院主动撤诉，年广九因经济罪不成立而被宣告无罪释放。此时，年广九已经在看守所中度过了两年时间。出狱后的年广九重出江湖，依旧操练着他的老本行，并成立了“安徽芜湖傻子瓜子技术开发有限公司”。邓小平南方谈话发表后，因讲话中公开提到了“傻子瓜子”，使年广九一夜之间在全国声名鹊起，妇孺皆知。

为此，年广九想到要感谢大恩人邓小平，于是在1992年年底致信邓小平。《“傻子瓜子”见证私营经济发展历程》中也记载了这封信的内容。

敬爱的小平同志：

您好！

我们是安徽芜湖“傻子瓜子”的经营者。今年年初，您在南巡中讲到了我们“傻子瓜子”，我们感到好温暖、好激动。您是对全国人民讲的，但对我们更是极大鼓舞。光是今年下半年，我们“傻子瓜子”就新建了13家分厂，生产了700多万公斤瓜子。这都是由于您的支持和您的政策好！从经营“傻子瓜子”以来，我们已向国家交纳了200多万元的税，向社会提供了40多万元的捐赠。但我们还要兢兢业业地继续做“傻子”，为顾客提供更多味美可口、价钱公道的瓜子；我们还计划更大地扩大经营规模，把“傻子瓜子”打到国际市场上去，为国家多作贡献。

敬爱的小平同志，我们时时铭记着您的恩情，在这新春佳节快要到来的时候，特地寄上几斤瓜子给您尝尝。这是非常微薄的礼物，却代表了我们对您的深深的敬意，希望您能喜欢。

衷心祝愿您新春快乐！健康长寿！

傻子：年广九

小傻子：年金宝、年强

1992年12月30日

记者彭斐在《邓小平三次点名的傻子瓜子》一文中写道：1992年，年广九被宣布无罪后，芜湖曾有家企业请他去。"当时他们拿了两个保险箱，里面有180万元钱，要我给他们当3年厂长，但我拒绝了。""那些钱太少了，不够分的，我要自己干，为更多的人提供工作的机会。邓小平曾说过，要允许部分人先富起来，先富带后富，最终实现共同富裕。我是邓小平点名的个体户，不能我个人富了，就不管别人了，我要做那部分先富起来又能帮助别人的人。"年广九说。1994年11月20日，年广九成立了"芜湖市傻子瓜子技术开发有限公司"，这是年广九东山再起的起点。这些年，年广九继续干着他的老本行，在芜湖街边的一家店里炒卖着他的瓜子。2001年，年广九把曾风靡全国的"傻子"品牌傻子商标权以一元钱的价格转让给了两个儿子，退出了"江湖"。后来，在新的形势下，他又重出"江湖"，并且将场子开到了郑州等地。2007年，已年逾古稀的"傻子"年广九高调宣布将收回商标。"这次出山了，最后再找接班人。本来是不干了，现在收回，大干，20个亿。"年广九说。



## 第三节　看年广九的经营之道："傻子"的"傻招"

彭斐的文章中写道：在市场竞争日益激烈的今天，年广九对于经营仍秉持他一贯的理念。广告被认为是消费者认识商品、接受商品、购买商品的最直接途径，但年广九认为："我们大没必要做那个，只要把瓜子炒好了，消费者认同了，买我们瓜子了，这才是最主要的。"他说："我不是一个按套路出牌的人。"20世纪80年代，年广九就给厂里的员工制定了36条"特殊条款"，这些条款也延续到了今天。在这些厂规中，有很多值得一提。比如其中提到，休息期间品尝瓜子，答对问题就有奖。“什么火候炒的瓜子，什么好处，好处在什么地方，回答出来就有50块钱奖金。”而与此同时，一旦工人把瓜子炒苦了，就要罚100元；如果抓把瓜子出去给予警告；把瓜子放在口袋里罚款100元；拿一袋子瓜子出去，罚款3000元并开除。当时，在定下严格厂规的同时，年广九也给自己的员工开出了丰厚的待遇，20世纪80年代一般工人只能拿十几元钱工资的时候，他给员工的工资是50元。

姚远在《“傻子瓜子”见证私营经济发展历程》中写道：现在，年广九出门谈生意总是习惯带上一张具有“年广九”特色的名片。名片的正面是他和他的妻子的头像，背面是《邓小平文选》中的那段话：农村改革初期，安徽出了个“傻子瓜子”问题，当时许多人不舒服，说他赚了100万，主张动他，我说不能动，一动人们就会说政策变了，得不偿失。

这是在告诉人们，绝不仅仅是年广九家族得到了保护，而是发家致富的行为得到了保护。

回顾自己伴随着中国人民走过30年改革开放光辉历程的时候，年广九觉得他的作用主要有两点：首先，他带动了中国私营经济的发展。改革开放初期，人们都在等待中观望，他在安徽第一个站出来，进入市场冲浪。在他的带动下，沉寂了几十年的瓜子市场骤然复苏，一两年之内崛起的国营的、集体的和个体的瓜子经营者57家，其中个体的占了48家，出现了“胡大”、“友谊”、“神农”、“玉兔”和“龙凤”等20个品牌，它们也都销往全国各地，使芜湖成为名副其实的瓜子城。其中不少人由原来衣不蔽体的穷光蛋变成了百万富翁甚至千万富翁。年广九成为当时个体经济发展的“领头羊”和“晴雨表”。其次，他勇敢地冲破了“左”的思想对干部和群众的束缚，为解放思想作出了贡献。以雇工为例，当时国家按照马克思的《资本论》说的，个体户雇工不能超过 8 个。许多干部对他提出了这个规定，但是他没有理睬，他不断扩大雇工规模，为众多私营企业做出了敢于冒险的榜样。

此外，我们可以更清晰地看到他成功的一个主要原因就是政策因素。傻子瓜子本身就是十一届三中全会路线的产物，是在党的改革开放和扶植个体经济的政策指引下发展起来的，中央、省、市各级领导的关怀，打消了年广九的思想顾虑，命使他敢于冒尖，敢于致富，于是有了当初较大的发展。

从 1978 年十一届三中全会开始，在改革开放政策的鼓励下，年广九的商业头脑得到了极大的发挥，才会创造出“傻子瓜子”的辉煌成就。30 年的起起伏伏，潮起潮落，历练了一个贫苦出身的“傻子”——年广九，也见证了改革开放 30 年民营企业的曲折发展，更显示了我们农民群体中一位“敢于吃螃蟹的人”的可贵品质。

# 第九章 “中国鸡王”的创业之路

——辽宁省大连韩伟企业集团董事长 韩 伟

2000年，胡润的《福布斯》中国大陆“50首富榜”，韩伟排名在43名。这使得更多的人知道了韩伟，有人称他是“中国鸡王”。在此之前，韩伟一直在旅顺口的一个名叫东泥河的小山村默默耕耘。从1982年开始，他饱经了企业创业、转型、升级和扩张的历练，把一个仅有50只鸡的家庭养鸡场办成了拥有300万只鸡的企业集团；他游走于畜牧业和海上养殖业两大领域，演绎了亚洲第一和世界之最两个神话，赢得了若干个第一；他涉足四大产业，成就了五大知名品牌，走出了一个企业家爱国、敬业、诚信、守法、贡献的成功之路。

## 第一节 韩伟：富商的儿子 农民的出身

《经济导刊》曾经刊文写道，韩伟的出身和经历很传奇，但却映现出时代的烙印。他从小与土生土长的农民一样在饥饿和贫穷中长大，但是他的父亲却曾是解放前沈阳有名的大五金商，生意非常好，家境也很富裕，有洋房洋车和保姆。公私合营时，父亲将所有的资产悉数捐献给国家，自己自食其力当了小学教师。1956年韩伟出生，生活已风光不再，家境的辉煌都是母亲给他讲述的，他的记忆里只有童年时生活的贫穷与无奈。然而他却传承了父亲的经商天赋，以及母亲对财富的豁达态度和做人做事要诚信的告诫。

周永梅的文章《韩伟：50 只鸡孵出的亿万富翁》中写道，韩伟的家乡旅顺三涧堡镇，地属辽东半岛，是个美丽的地方。韩伟的母亲生了 10 个孩子，韩伟是最小的。在他的记忆里，难以抹去的是儿时生活的贫穷与无奈。韩伟曾经说："我们小的时候，就是谁家做了好吃的东西我们就过去吃，回来就跟母亲讲谁家做什么好吃的。那么我们就要挨一顿揍。为什么？因为母亲也很痛苦，她没有办法给我们创造好的条件，给我们做好吃的东西。那时我哥哥、姐姐都在生产队里干活。在我的记忆里，每年年底生产队里分配时，我家都是一张红纸（就是赤字）。就这样，一年到头粮食不够吃，只有到生产队里去借。钱不够花，也只到生产队里去支。一年到头都在赤字里转。"



童年的韩伟和那个年代的人是一样的，是在饥饿与贫穷中度过的。周永梅在文章中说，也许是现实的贫困与曾有过的富裕反差太大，韩伟打小就"不安分"。几经周折，只有初中学历的韩伟以工代干，成为镇上的畜牧助理，说是工人，其实和农民没什么两样。他的工作是帮助镇里的乡亲们养鸡、养猪。推动农村养猪、养鸡是一件非常不容易的事，因为不到两万人口的公社，每年国家下达的鸡蛋派购任务是 6000 公斤。一般来说，他要为这 6000 公斤鸡蛋派购任务，忙碌十一个半月。就是在当畜牧助理时，他通过一份资讯得知，发达国家的蛋鸡产蛋量比自己管的农户的鸡产蛋量多好几倍。这一信息在韩伟的心里激起了巨大的波澜，天生不服输的他决定下海，没想到除了妻子，家里所有的人都反对。在这样一个贫困偏僻的山村，一个穷小子能够进到乡镇政府机关也算是光宗耀祖了。多少人想进去啊，而你进去了又想出来，没有人可以理解。最后，韩伟还是不顾家人的反对，毅然决然地下海了。他和妻子买了50只蛋鸡，风风火火地办起了家庭养鸡场。这一年是1982年。当然，最初的几年很艰难。然而，天道酬勤。在韩伟与妻子的盘算中，鸡场一天天扩大，没过几年就从最初的50只鸡发展到8000多只鸡的规模。转眼间到了1984年，迫于资金的压力和发展的需要，韩伟向银行贷款15万元，成为东北第一个贷款的农民。当时很多人不理解韩伟的做法。因为在当时，对一个农民来说，1万块钱、10万块钱，那简直是天文数字。许多人用疑惑和担忧的眼神对他说：你怎么敢借这么多钱?!

韩伟的第一桶金就是靠这贷来的15万元赚来的。再看今天，以当年的家庭养鸡场为基础，韩伟于1992年8月成立了大连韩伟集团，这是我国第一家由国家和省市有关部门正式批准成立的非公有制企业集团。到今天，经过27年的发展，集团现在已经拥有中国最大的现代化蛋鸡饲养企业、生物有机肥生产企业、世界最大的鲍鱼养殖企业以及亚洲最大的蛋粉深加工企业。企业通过ISO9001质量管理体系和ISO14001环境管理体系认证。集团2002年被认定为农业产业化国家重点龙头企业、辽宁省首批现代农业园区。2003年，鸡场改扩建及蛋品深加工项目经国家发改委立项列入2003年东北老工业基地改造国债项目计划。2004年经国家食品药品监督管理局等八部委认定，韩伟集团被列入“全国食品安全信用体系建设试点单位”。

当年的老本行——畜牧业，仍然是韩伟集团的支柱产业，蛋鸡饲养规模居全国首位，年蛋鸡存栏 300 万只，年产鲜蛋 5800 万公斤，产销率 100%。主打产品“咯咯哒”牌高品质鸡蛋于 2000 年 4 月被中国绿色食品发展中心认定为绿色食品，2004 年 11 月被国家工商行政管理总局评定为“中国驰名商标”，并取得“中国名牌农产品”、“辽宁名牌产品”、“辽宁省著名商标”等系列荣誉称号，产品热销全国 100 多个大中城市以及日本、中国香港、东南亚等国家和地区。



## 第二节　二十七年风雨路　“咯咯哒”鸡蛋创品牌

从 1982 年到 2008 年，整整 26 年，这是一个年轻生命的成长年轮。由 50 只鸡到 300 万只鸡，韩伟的事业就在这 26 年里发展壮大着。26 年来，韩伟饱经历练，早已是成熟的商人了。2000 年，著名的《福布斯》把目光投向韩伟，他被评为中国内地 50 名首富的第 43 位。此时的他头上顶着数道光环，传奇故事在国内各媒体上转载。而得到福布斯高度评价的中国农民企业家却是凤毛麟角。《经济导刊》记者季红与郭金芝曾撰文写道，2006 年两会期间，作为全国政协委员的韩伟连续提交了 4 份提案，内容都与促进农业产业化、解决“三农”问题有关。他提出发挥龙头产业经济的带动作用，使之成为社会主义新农村建设的市场引擎。韩伟的企业以每十年一大步的速度向前迈进，起步、转型、升级……如今他已是第三次腾飞了。这一次，他将领跑成千上万的农户，构建农业产业的新格局。

正如季红与郭金芝两位记者曾写到的，韩伟的父亲是当年东北的大商人，公私合营的时候，将所有的资产全部捐献给国家，自己自食其力当了小学教师。当韩伟出生的时候，家里就是一个普通的农民家庭，贫穷是这个家庭的特点，这和当时全国的农村家庭一样。韩伟是在短缺经济中成长起来的。因为家境贫穷，韩伟小学没毕业就辍学了，15岁时就开始干活，养家糊口。几经周折，他成了镇里的畜牧助理，工作任务就是推动镇里的乡亲养猪、养鸡业发展。1982年，农村养殖业热潮兴起，韩伟的妻子许淑芬动了心，决定试着养鸡来改善生活。夫妻俩东凑西借了3000元买来50只鸡，主要由许淑芬饲养。1984年，“许淑芬养鸡专业户”在村里开始小有名气。看到妻子面临的压力越来越大，韩伟便打算辞掉公社职务，开始和妻子一起养鸡。在20世纪80年代初，作为一个农村孩子能够到公社里面工作，也算是光宗耀祖了，老百姓把公社干部那真是高看一眼。然而1982年，韩伟突然提出辞职，要回家去养鸡。亲朋好友都说他吃错药了，放着这么好的差事去瞎折腾。但韩伟就是这样一个“个性”的人。鸡群在慢慢扩大，生活也在慢慢改善。有一天，韩伟在一份资料上发现，美国一只鸡年产蛋量是18到20公斤，而我们国家还不到8公斤。“我就研究为什么会有这么大的差距。”直觉告诉韩伟“这里面有搞头”，数字的差距本身就是一个可以获益的利润空间。不服输的韩伟当即决定：自己试一试。研究后发现，人家鸡的产能高那是因为集约化和工厂化。善于思考的韩伟决定让自己的鸡场也走上这条路。怀着更大的目标，韩伟又开始折腾起来了，1984年他又做出了人们认为吃了豹子胆的事：他决定贷款15万元，自办养鸡场。这就是很多媒体争相报道的东北第一个敢于贷款的“超级负债户”。

韩伟的第一桶金就是靠贷款赚来的。《中国工商报》的记者李琴曾写过这方面的文章，文中说：随后两年里韩伟以个人名义贷款200万元，把负债扩大到了农民眼中的“天文数字”。韩伟的鸡场也开始了快速跑：1986年，兴建了10万只的蛋鸡场；1988年和1989年，又分期兴建了10万只美国优良种鸡塔特姆的种鸡场；到1992年，他的养鸡场已经具备了100万只蛋鸡饲养规模，成为大连市最大的专业化养鸡企业。韩伟一位同是企业家的朋友这样评价韩伟：“韩伟是个很有想法和悟性的人，如果他想把这件事弄清弄透，他就会时时琢磨这个事。这种劲头使得他办的企业能够顺时而进，在该扩张的时候扩张，该转型的时候转型。”

《韩伟：新农村建设的领跑者》中写道，虽然一次次的贷款让韩伟的鸡场走出了小本经营的模式，但负债经营的理念在那个年代也不被人们接受。养鸡场的规模在不断地扩大，后来他在乡村边的土地上拉开阵势，乡民们都以为是在建国家重点工程，后来才知道是韩伟在建个体养鸡场。人们吃惊了，紧接着各种传闻也都出现了——传说韩伟不是被抓走了，就是自杀了。总之，人们不相信韩伟的折腾会有好结果。有人问韩伟是怎样顶住社会的不理解和压力的，韩伟以一种平和的口吻回答：“要让社会了解你，需要过程，但是自己了解自己是不需要过程的。有人说我是靠贷款发展起来的，是拿别人的被盖自己的脚。褒也好贬也好，我不会对社会的看法过多在意。美国是世界最富的，但又是世界第一负债大国。关键是你能否借到债，你有信誉、有能力，人家才会愿意把财富托给你管。”韩伟顶住了各种传言，到1992年，他已经有100万只蛋鸡的饲养规模，资产达到9000万元，成为大连市最大的专业化养鸡企业。社会上传言的内容转变了，人们争相传颂的是，小小的鸡蛋让韩伟做出了大文章。韩伟自称赶上了一个好时代，“那时候市场处于卖方市场，省长抓米袋子，市长抓菜篮子，产品销售供不应求。”韩伟的企业很快走过了原始积累阶段，资产达到上亿，养鸡规模达到百万，银行的贷款还清了。

1992年8月，韩伟组建集团公司的报告得到了国家体改委的特批。有媒体称：这个集团是国家体改委批准民营企业组建集团的第一个出生证，标志着一个政策的里程碑。韩伟自豪地说：“虽然企业规模不大，但我们是一个主业分明的农业企业集团。”

早在创业初期，韩伟最头疼的事就是给鸡治病。虽然镇里有兽医，但镇里的事情已经够他们忙的了，韩伟的鸡闹病的时候，他们有时也顾不上。万般无奈之下，韩伟的妻子到北京的一所大学专门学习给鸡看病。回来后，为了摸清鸡的习性，他们做了大量的工作，每天要把死鸡全部剖开，看到底是什么病，是营养代谢问题还是病毒病，是细菌病还是大肠杆菌、沙门氏菌，进行分析。久而久之，就增长了很多知识。近水识鱼性，靠山知鸟音。时间长了，韩伟只要听到鸡的叫声，闻到鸡的气味，就能判断鸡是否有病。那个时候韩伟已经练出来了，当走在鸡场里，鸡群非常健康的时候，听声音就听出来了；不健康的时候，听声音，心里马上反应：坏了，这个鸡场肯定有问题了。

周永梅的文中讲了一个小故事：

一次，他到一个乡村养鸡的地方，进鸡场他就感觉不对劲。他就问老农：怎么样？你的鸡挺好吗？“好，这鸡群好。”韩伟说：“好什么？鸡的叫声都不对了！‘咕咕嗒嗒、咕咕嗒嗒’，那鸡已经有病了。还说好，那是打肿脸充胖子。一个鸡群非常健康的时候，它应是‘咕咕咕咕咕咕咕’叫。”



季红与郭金芝的文中写道：尽管身怀过硬的养鸡本领，养鸡的环境却使韩伟无法从根本上解决鸡瘟的问题。为了扭转庭院养鸡造成的畸形生态环境，韩伟把鸡场分别挪到山头上。他还建立了一支强大的技术队伍，作为保证科学养鸡的技术支撑。在“非典”暴发，在全球禽流感暴发，尤其是禽流感暴发时，一次次的危情逼近，韩伟都安然度过了。然而，韩伟也有过走麦城的经历。最初他也没能摆脱大多数民营企业家在原始积累过后的信心膨胀，而对种种诱惑，那时的韩伟很迷茫，甚至被多元化迷惑了。集团成立后，韩伟就被套进“集团”概念的框框里，他认为集团应该多元化，不能仅养鸡，单项业务怎么能叫集团？要把养鸡和若干产业结合在一起。一时间，他组建了地产公司、商贸公司、广告公司。“半年之后我发现不对劲，作为一个企业家和企业的发展应该是扬长避短，我却是在扬短避长。我的长项是养鸡，广告策划、房地产我不明白，我怎么去领导？”韩伟在回忆这段历史时说：“麦道公司把飞机送上了天，应该完全有能力造汽车、造船，但是它为什么几十年就是造飞机？很多企业家非常愿意研究‘总理的事’，实际我们能把‘总经理的事’研究明白了也就不错了。”他不顾其他人的劝阻，坚持关掉了这批企业。“一个人一生差不多只能认真执著地做一件事，既然自己做的是禽蛋产业，就应当沿着产业集约化、高科技的道路走下去。

这么多年来我沿着专一化的道路养鸡养得很来劲!”韩伟无法掩饰自己的兴奋。在不断扩大养鸡规模的同时，韩伟也开始朝养鸡的上游和下游方向跟进。当有人问韩伟:“养鸡业如此微利，你有没有考虑投资到其他的领域?”韩伟斩钉截铁地说:“我不会考虑的。有一些发展速度较快的大企业家跟我这样讲，男怕选错行，女怕嫁错郎。他们现在资产已经上百亿元，我干了24年资产还没过10亿元，好像我选错了行。我不这么认为，不能以资产的大小来衡量企业的前景，基业长青是在于这个企业的存活时间和企业的前景。中国有13.5亿张嘴，始终都需要吃鸡蛋，如何保证13.5亿张嘴吃到最安全的鸡蛋才是我要做的。在大家都不愿做的微利产业，我一做就是24年，我很自豪。”在韩伟看来，他做这个产业有三道防火墙——专有技术、资金、利润。更多的投资者愿意用大量的资产搏击大的获利空间，形成资金聚集效应，这就是风险。而农业的获利空间，恰恰不会吸引那些愿意投机和愿意一夜暴富的人向这个平台聚集和投入，他认为这个地方才是最安全的，不会一夜之间暴富，但也不会一夜之间起火。高利润就会有高风险。他认为自己选择的快速消费食品“将成为中国经济未来新的增长空间的一个亮点”。企业在发展过程中，往往是一个挑战接着一个挑战。1997年，经济学家预言的“过剩经济时代”到来了，粮食、蔬菜和肉、蛋、奶等都不好卖。当时，一大批国有鸡场相继转产、破产。韩伟集团也开始出现了亏损，每销售一斤鸡蛋要亏几毛钱。

《韩伟：新农村建设的领跑者》中说：开始的时候，韩伟还很开心:“按照西方经济学的原理，当通货膨胀和市场遭到重创时，整合和碰撞是不可避免的。一些规模小、实力差的企业一定会出局，然后市场将重新洗牌。韩伟集团有实力、有规模，而且成本控制和技术水平都是最好的，是应该可以挺住的。”就在鸡蛋价格跌破盈亏平衡点的时候，1997 年韩伟决定扩建鸡场，把养鸡能力扩建两倍。鸡场规模大了，压力更大了，然而韩伟发现，他们所有的推论和判断都是错误的。膨胀之后，中国养鸡行业的牌并没法洗。难道老百姓养鸡就赚钱，企业养就不赚钱吗？若干个问题在韩伟的脑海中回荡，是不是我们的路已经走到尽头？于是韩伟开始到全国各地考察。一圈回来，他明白了，西方经济学的理论在中国水土不服。西方发达国家的农民在人口总量中连 10%都不到，而中国农民却占 70%～80%，这么多农民不种菜、不养鸡，干什么？市场被人民战争的汪洋大海给淹没了。二十年前老百姓养鸡住茅草房，二十年后的今天老百姓养鸡还住茅草房，在农村传统农业生产格局中，完全再现了经济学家说的那种“挖坑经济”，今天挖坑，明天又把坑填平，后来再接着挖，翻来覆去、周而复始地重复着不讲效率、不计成本的劳动，生活没有改善。传统的农业生产资金集中不起来，技术化没有办法整合起来，没有办法将一个产业做强做大。然而，农业生产方式的改变是一个非常漫长的过程。韩伟明白，如果直接和传统的养殖模式进行碰撞，就一定败下阵来，如同已经退出这个大舞台的一些国有企业一样。“那个年代的企业，90%以上都没能过得去，我几乎也过不去了。”韩伟回忆说，价格跌破成本，没有利润了，和他有信贷关系的五家银行中有四家都拉了刹车，现金流断了，可几百万只鸡张着嘴要喂饲料！企业几乎被逼到死亡线，硬汉子韩伟急哭过。后来农行全面调查了他的企业，给他补充了 1800 万元贷款，使他从危机中挺过来。回忆起这段艰难，韩伟感叹地说，一个企业家要有非常强的承受能力，企业家输就输在不自信上，从心理上不能支撑了。“连续五年亏损，我一直认为天无绝人之路，我们一定能走出困境。”难道在中国真的就不适合农业产业工业化，就只能这样将传统生产方式不断地延续吗？我们到底错在哪里呢？我们与国外在发展模式上存在哪些差异呢？韩伟带着这些问题和夫人去日本、欧洲、美国考察。很快韩伟找到在结构过剩的趋势下的突围路径，就是要适应安全消费、绿色消费、环保消费等新的市场要求，打造高质量产品。鸡蛋是快速消费品，又是每天不可缺少的营养物质。改革开放后，人们消费水平不断提高是铁的实事，但是相应的消费标准也在提高。中国是商家的金矿，有巨大的、多层次的市场，但是很多企业只关注供应数量，并没看到需求的变化，一直是低水平、低质量的商业品种在充斥和困扰着市场。2003 年，受行业协会委托，大连韩伟集团负责了中国鸡蛋国家标准的起草工作，一个无公害鸡蛋国家标准将要出台。鸡蛋，自古以来在中国就作为非常传统的商品在市场上销售，从来没有过什么标准。随着我国加入世界贸易组织，在国际食品卫生标准日益提高的压力下，我国必须颁布中国的蛋品国标。而韩伟集团是唯一“挂着自己的商标”走出国门的企业，又是世界蛋品协会会员单位。于是，这个重任落在韩伟集团身上，在企业自身标准的基础上，结合国内实际情况，出台国家蛋品质量标准。

《经济导刊》记者季红与郭金芝曾在他们的文章中写道：一个企业，能够制定行业标准真是莫大的荣誉。韩伟认为，新的无公害鸡蛋标准出台，对整个行业来说是个利好，更加规范这个市场，使之进入良性发展的轨道。

倾注全力创品牌。消费者在选择高质量产品时，最关注的是诚信和品牌。韩伟认为，诚信是要有一定的承载能力的。他说，假如比尔·盖茨承诺要为某个地方捐赠，他说出的话一定是一言九鼎的，你不要怀疑他，他有这些财富来承载他的许诺。为什么在发达国家，消费者吃什么东西都有安全感？因为都是一些大的企业在生产这些食品。为什么我们国家的消费者整天提心吊胆，不敢吃蛋，不敢喝奶呢？因为生产者是一些分散的小企业或是个体。韩伟从中预见，中国农业和中国的食品工业将面临着一场革命，这场革命就是要整合我们的农产品资源和市场，从过去机械化、科学化和规模化来实现产品的安全性，在保证食品安全的基础上，通过倡导健康和质量满足差异化需求。这么多年来，韩伟集团构筑了一艘强大的航空母舰，但是它上面的指挥系统和航导系统还需要调整。韩伟立即对下一步发展战略进行了调整。

《中华工商报》记者李琴在其文中说：1997 年，韩伟到日本考察，惊人地发现：有牌子的和没牌子的食品，差价是 10 到 15 倍。“我如获至宝啊，原来以为鸡蛋就是鸡蛋，这才发现鸡蛋也是有差异的。回来第一件事就是适应市场新的消费需求，做安全、健康、环保的绿色鸡蛋，并建立自己的品牌。”韩伟说，1999 年“咯咯哒”鸡蛋诞生了。

《韩伟：新农村建设的领跑者》这样形容“咯咯哒”品牌：“‘咯咯哒’一叫真是千门万户开”，经过多年努力，“咯咯哒”鸡蛋已成为中国驰名商标。此后，韩伟集团的发展经历了三件大事。其一是加入世界蛋品协会。其二是

“咯咯哒”鸡蛋进入了对鲜蛋要求极为严格的日本市场。日本冷冻食品检查协会的检查证书和产品达到严格标准，是国内企业与国外农产品巨头同台竞争的唯一武器。在国内，即使各种由政府认证的证书含金量也是大打折扣的，因此首先打开国际市场，这对国内市场开拓是非常有效的宣传。其三是获得了沃尔玛、家乐福等 30 多家超市的进门许可证，把小小的鸡蛋作出了一大篇文章。

走集约化经营之路。回头看韩伟集团的发展，可谓是每过十年就跨上一个新的台阶，而每一个台阶都有一个质的飞跃。如今，韩伟集团已拥有全国最大的蛋鸡生产规模、设备，饲养管理和产品质量居国内同行领先水平。但是，在韩伟看来，与国外规模相比，差距还是很大。“20 世纪 50 年代，美国有 7000 多家鸡场，现在只剩下 7 家，其中最大的一家拥有 2000 万只蛋鸡。”韩伟认为，中国未来的蛋鸡饲养一定会走向高度集中和集团化。“过去 1000 万只鸡可能是 1000 万户在养，现在 1000 万只鸡在一家养，农民成为大型的农业产业工人，再也不愁鸡蛋怎么卖，再也不愁瘟疫怎样防治。技术、市场集约了，品牌得到整合，消费者对产品安全也就会放心了。”韩伟集团制定了从 2006 年开始的十年规划，目标是在 10 年内实现中国农业与现代市场物流对接的一次革命。当问及十年规划的具体目标时，韩伟告诉我们：集团要将现在 300 万只蛋鸡发展到 5000 万只，甚至 1 亿只。“过去我只公布了五年规划，我这是第一次向媒体披露”，韩伟补充道。这个目标如果实现，韩伟将不仅是中国鸡王，还会是世界鸡王！“以中国 13.5 亿人口计算，除去半数农业人口，在 6 亿人口中按 10％计算，达到这个目标的可能性是存在的，但是需要 10 年的时间，使现有养鸡水平上一个新的台阶，做大产业链。”韩伟对此很有信心。新的目标确定后，韩伟集团蓄势待发，开始快速奔跑：他分别与日商、美商合作，建了中外合资的养鸡场；又入手粪肥处理，研制开发了“康壮”牌系列生物有机肥，进而转化成化肥，广泛用于粮食及经济作物。2005 年 12 月，韩伟集团与丹麦外商合作，成立了韩伟食品有限公司，进行蛋粉深加工。



如今，公司旗下有饲料场、种蛋场、育雏场、蛋鸡场、生物有机肥家工厂等等，形成了一个巨大的产业链，将养鸡这一传统产业打造成为具有国际规范的一体化企业。韩伟称，下一步集团供应的就不仅仅是鸡蛋了，将要围绕食品构建一个良性的、绿色的产业链条；在这个平台的拉动下，从事蛋品、蔬菜、粮食等生产，带动和拉动的农户将要达到 4.5 万～5 万户。

## 第三节　专心、执著与感恩，成就“中国鸡王”

《中华工商时报》2007 年 12 月 13 日曾刊登了记者李琴的一篇文章，文中写道：“专心”铸就商业神话。可以说韩伟是一个传奇。他现在的头衔很多：中国首席“鸡司令”、中国“光彩事业”的十大发起人之一，2000 年《福布斯》中国内地“50 名首富榜”内的“第 43 条好汉”，第八、九届全国政协委员，首届中国十佳民营企业家，第七、八届全国工商联常委，全国工商联农业产业商会会长，大连韩伟企业集团董事长……但鲜为人知的是他也曾经是一个 15 岁时还在大连街头掏粪的穷孩子，东北第一个超级“负债户”……这种角色的成功转变很大程度上得益于他的“专一”与“执著”。“专一”与“执著”不仅是韩伟重要的商业思想，也是他始终秉持的人生哲学。

李琴的文中记述：

“25 年来，我就干了一件事，那就是养鸡。”2007 年时韩伟这样调侃自己。

“许多民营企业家在企业发展到一定规模后都会选择多元化，像您这样不怕风险太大吗?”曾经有记者问。

“可我认为，不专心才是企业经营最大的风险。”韩伟的回答发人深思，“鸡蛋虽小却是个大市场啊!”

韩伟的这种商业智慧一半来自他很高的悟性，另一半则来自他的经历。1992 年韩伟集团成立后不久，曾将触角伸到多个领域：房地产开发、广告、商贸、饮料果汁……可不到两年，韩伟就发现，这些企业亏得一塌糊涂。无奈之余，他决定关掉这批公司。韩伟至今仍对那次“滑铁卢”经历心有余悸，他总结道：“一个人一生差不多只能认真执著地做一件事，一旦做总经理的试图像总理那样思考问题，闹剧就不可避免。”那次弯路把韩伟逼得死心塌地，“养鸡业是个处女地，很多人都因为它太原始、土气、利润低而嫌弃它。其实小商品大市场，你没看见可口可乐不也是依仗一杯饮料走天下的吗?”正是韩伟的这一信念和对信念的执著，帮助韩伟集团挺过了 1997 年开始的“过剩经济时代”。那时，鸡蛋价格在继续跌破成本，每卖出一斤蛋就要亏上几毛钱，持续扩张规模的韩伟集团出现了较大亏损。和他有信贷关系的几家银行也开始停止了资金供给，韩伟集团正一点点被逼近死亡线。韩伟依然靠在小小的鸡蛋上作文章，生产绿色鸡蛋，开拓出蛋业市场的“蓝海”，促使韩伟集团柳暗花明，不仅走出困境，并且进入一个新的竞争层次。也是这一信念使得“咯咯哒”成为中国最大的蛋鸡饲养集团，从疫苗研制、饲料加工、繁育、育种、蛋鸡饲养、绿色肥料到市场销售，形成了一体化的产业链，最终连《福布斯》都对韩伟翘起了大拇指。

《韩伟：小小鸡蛋成就商业传奇》中说道：2008 年，“咯咯哒”引爆一场蛋品行业“洗牌”，在央视黄金时段的大手笔广告会使得这一洗牌更加有声有色。韩伟曾不止一次地对记者说到乳制品行业的发展过程，他认为，乳制品行业的今天正是蛋品行业的明天，从百万到百亿的飞跃，乳制品行业只用了 6 年，蛋品行业只需要更短的时间，他为“咯咯哒”所设定的时间是 3 到 5 年。韩伟说，将不合格、不安全的鸡蛋淘汰出市场，让消费者吃上放心蛋、健康蛋是他这辈子要做的事，也是“咯咯哒”作为行业领袖的承诺。“这件事也值得我去做一辈子。”韩伟说得意味深长。

韩伟除了有着一种专心与执著的精神外，他还是一个懂得感恩的人。韩伟的家乡旅顺三涧堡镇，现在不算富裕，东泥河村还比较贫穷。在赶往韩伟集团的路上，我们看到“咯咯哒”鸡蛋醒目的广告牌与周围荒凉的景致极不协调。韩伟说，他从小就把改变这里的贫穷面貌作为己任。

《韩伟：50 只鸡孵出的亿万富翁》中写道：说来也很奇怪的，当韩伟背起书包上学的时候，走在村间那条小路上往学校走的时候，他就会想这个地方为什么会这样穷？那时的梦想就是长大后成为这里的首长，让这个地方不要永远地这样穷下去。韩伟有钱之后，为家乡做了很多实事，村里的学校是韩伟捐款修建的。当有人提出用他的名字为学校命名时，韩伟坚决反对。他认为离开政府和乡亲们的帮助，他的事业也无从做起。韩伟始终这样认为，作为一个企业家也好，作为一个创业者也好，还是想创业也好，最重要的一点是，感恩之心一定要有。因为我们在创业和发展的过程当中，之所以能够非常顺利，原因就是离不开大的政策环境支持，也离不开周围小的环境支持，没有周围这些社会环境的支撑，我们的事业肯定做不起来，所以我们发达了再通过适当的方式反馈社会也是理所当然的。

记者周勇刚曾在《中华工商报》上报道：2008年，联合国在纽约举行了可持续发展委员会第十六届会议。韩伟作为中国非政府代表团出席了大会，并应邀发表了题为《中国农业企业家的历史使命》的主题演讲，引起广泛关注。韩伟在会上还以“中国光彩事业”发起人的身份，向大会介绍了“中国光彩事业”这一成功的开发式扶贫社会事业。他自豪地说，截至2007年，中国光彩事业在十几年的发展时间里，帮助了787.61万贫困人口解决了温饱问题。韩伟在会上表示，本着光彩事业精神，“咯咯哒”将启动三项新的助农战略计划，旨在将更多的农户纳入“咯咯哒”所主导的现代化农业产业链，促进禽蛋产品生产运营的规范化发展和整体蛋类食品安全性的提高。按照这一计划，到2010年将使“咯咯哒”的蛋鸡存栏量达到1000万只，全年蛋产量突破20万吨，蛋鸡产业规模进入世界蛋鸡业前3名。在这个品牌提升和带动的过程中，将有几千万处在这一产业链上的农民从中获取更多的收益。

一个从农民群体走出的亿万富翁，将一颗感恩的心回报给他的“根”，通过现代农业企业推动提高农业生产力，帮助农民脱贫！

# 第十章　农村“桃花源”的建设者

——河北徐水县大午集团创始人　孙大午



“从古城保定出发，沿 107 国道驱车北行约 50 华里，有一处陶渊明描绘中的理想家园。下 107 国道，沿一条弯曲的公路，蜿蜒前行 20 华里后，这座庄园赫然入目，很多初来者都会情不自禁地发出‘柳暗花明又一村’的惊叹。……从喧嚣的城市来到此处，竟有时光荏苒间梦回桃花源的幻觉，只不过眼前来往的人群皆非“误入桃花源”者，熙攘的人群中，除南来北往前来洽谈生意、交流学习的商人、学者，亦有新年后送孩子返校的家长。而和煦的阳光下工人们忙碌的身影，成为诠释这繁荣的独特背景……”

这是 2007 年 3 月 12 日《中国联合商报》的报道。

这座美丽庄园有一个独属的名字“大午城”，它的缔造者就是孙大午。

## 第一节　跳出“郎五庄”的战士：孙大午

“忽逢桃花林，夹岸数百步，中无杂树，芳草鲜美，落英缤纷……土地平旷，屋舍俨然，有良田美池桑竹之属。阡陌交通，鸡犬相闻。其中往来种作，男女衣着，悉如外人。黄发垂髫，并怡然自乐……”

这本是著名田园诗人陶渊明笔下的桃花源，今天却出现在河北省徐水县的大午城。

孙大午1954年出生在河北省徐水县一个偏僻荒凉的村庄——郎五庄。《中国企业报》的记者刘海梅在2006年曾专门著文记述了孙大午的故事。

相传古时有一个南方来的风水先生行至此处，对村民说这个村子将要出18位高官，但必须在村东北挖一个大坑才行。村民求官心切，于是齐心协力挖坑，结果挖出许多石头，石头上还沾满血水。村民们这才知道上了当，看风水的不怀好意，是来断龙脉的。本来这条龙很快就能成气候了，结果让人给破了。不久村里出了18个强盗，官府到处追杀他们，因此村子得名叫“狼窝庄”。后来村民嫌不雅，取其谐音，称作“郎五庄”。

孙大午的童年时代非常痛苦，童年时代曾有讨饭生涯，父亲高大的大簸箕摇摇晃晃地挑着他和二姐出了一个破落村又进入一个肮脏街道。童年的印象里充斥着荒野里被抛弃的死婴、老人在炕上苟延的咳喘、同伴们细弱的脖子支撑着大脑壳、半夜里饥肠辘辘的鸣响和梦中的白面馍馍。孙大午记忆中的童年是贫穷、肮脏、野蛮和苦难的，幼小的心灵早就领略过了什么叫生不如死。后来上学了，读书了，他才知道世界很大很大，并不仅仅就一个郎五庄，有比这里美丽和文明的地方，那就是城里，于是他立志一定要逃出这个地方。“我从小就有两个心愿，可以说是自己既定的两个发展方向：一是考大学，二是当兵。上大学的愿望落空以后，我决定报名参军。我看到古往今来，多少治国安民之士，也都是铁甲戎装出身。”孙大午好不容易才当上了这个兵。各方面都合格的他最终还是因为邻村村干部为争自己亲友的名额起了内讧被取消了3个名额，才接到了入伍的通知书。

刘海梅写道：孙大午在30多年前的《参军日记》里写道：永远忘不了，我们一行8人走出村子，奔往县城的路上，我最后遥望渐渐远逝的村庄，那千般滋味、万种情怀！是幸福、伤痛、屈辱和欢畅交织的苦辣酸甜……孙大午直言，“我是一个很勇敢的战士。我入党也很早，当兵两年以后就入党了，也提得很快。我参加了干部培训班，有5门课程，考下来就我一个优等生。可是，真要深入下去，一旦有追求的时候，就对不上号了。”从部队回来，主要是因为他的思想比较偏激，爱刨根问底。回到地方上，他这个性格也没有改。看到党支部选举只是走形式，支书就是党支部，他就为这个问题上访，后招致打击报复。他说“治国治民不治官，官逼民反国难安，法纪政令千层纸，县官现管一层天”，结果是小会斗、大会斗。过了几年给平反了。这是他第一次对农村政治的感受。农村这个支部是个什么样的呢？大部分干部都当了二三十年，他们发展的党员都是他们的亲友。假使我们国家要还政于民，你首先要从基层有所体现，村民选举才能实现村民自治。就这样，他老遭受打击报复。从部队退下来，他在银行部门当过信用社主任。后来在银行管人事，他的家属要往外转户口，但他没让她转，好多领导说只要你说句话不用你花钱。孙大午当时说，要靠自己的力量出来，没准哪天还回到农村。后来他还真就回到了农村，主要是为自己的性格寻求一个合适的发展空间，按当时流行的话说——下海了！

1989年，孙大午辞去公职，创立大午农牧集团有限公司，担任董事长。其间，孙大午自学不辍，并于1996年6月获河北省养鸡状元荣誉。

大午集团以一千只鸡与五十头猪起家，1995年，已经发展成为中国五百大私营企业之一，孙大午也获选为河北省保定市人大代表。1996年8月，他当选了保定市禽蛋产业联合会的理事长。2001年，孙大午除了大午集团董事长外，亦兼任大午学校校长；2002年10月，他被中国农业大学农民问题研究所聘请为高级研究员，成为一名学者型农民企业家。

## 第二节　从茅草地到世外桃源　从养鸡户到亿万富豪

现在的大午集团所在地之前是一片荒弃的坟地，在当时我国农村开始实行承包责任制时，大家都去争夺膏腴之地了，没有人愿意要这块“不吉利”的茅草地。可就是这片没人要的地成了现在的大午集团，成了大型的现代化科技企业。

王丽静在《风雨兼程孙大午》中写道：1970年，孙大午当兵8年，因表现很好，两年就入了党，曾被提成营级干部。1978年，他转业到地方，在县银行管人事，成为令人羡慕的“公家人”。1985年，孙大午的妻子刘惠茹以每亩6元的价格承包被称为“憋闷疙瘩”的荒地，联合原始5位股东，启动资金2万元，50头猪、1000只鸡，建起了一个小型饲料厂。但第一年发生亏损后，4位股东相继撤出，孙大午则鼓励刘惠茹坚持了下来。1987年鸡的利润达到每只三十元，当时孙大午养到了五千至一万只鸡，后来养到了十几万只鸡，最多达到三十万只。从一千到三十万，随着养鸡的规模迅速增大，只用了四五年时间，就完成了大午集团最初的财富积累。“厂子也越办越大，后来雇到几十个工人，我也是在自己每天上下班的间歇时间帮助打理。”孙大午说，“她一个人承包荒地，非常吃力。”于是1987年起，孙大午开始写辞职报告，不过当时这种行为并不被人们理解。“那个时候能开上212吉普车是目标，怎么能去开荒呢?”当时人们普遍的思想是，“家有万贯，带毛的不算”。鸡一夜之间会全部死掉，即使有钱，那也是一场空。1989年，辞职后的孙大午和妻子一起开始创业之路，成为那个时代最响亮的名词“下海”者中的一员。他把这个选择称为“爱的感召”。

《风雨兼程孙大午》中还记述：孙大午的那段日子是艰辛的。果树生虫子没钱买农药，二人就动手一只只地捉；为给鸡舍降温，把仅有的一台电扇让给了鸡群；为打开饲料的销路，妻子刘惠茹推着小车免费送货上门，让农民赊销试用……这种艰苦执著的精神终于换来经营情况的改观。从企业刚创之初1985年的亏损状况，到一年后的1986年底收入3万元，不仅还清了2万元的贷款，还盈余1万元。“当时最大的票子就是10块钱的。我的妻子拿着1万块钱到娘家数给自己的母亲看，说，妈你看，这是1万块钱!”孙大午说，“当时都没见过1万块钱。那时候有了钱不仅藏到家里，藏到包里，还带回去数——炫耀。”这与孙大午辞职前在县银行每月34块钱工资、28斤半的粮票收入对比，更多的是有种找到了自己发挥能力的更大空间的骄傲之情。在巨大的利润空间下，孙大午有感而发，自编致富小调：“农民致富，养鸡起步！一万只鸡十万元户，国家支持不拿税赋，养猪养鸡大午帮助。”孙大午说：“大午是鸡蛋攒出来的企业，小钱积累出来的企业，22 年以来一直平平淡淡。”就这样，没有大单子出现的奇迹，从 1000 只、3000 只、5000 只、1 万只、5 万只、10 万只鸡，大午迅速扩大资产。而孙大午夫妇也成为远近闻名的富豪。

刘海梅在其 2006 年的文章中写道：创业初期的孙大午和妻子没少遭遇麻烦，孙大午如今谈起这些事来还历历在目：“有个村干部，他就想入股，我不答应他。他就放火，剪电话线、毁机器。最严重就是 1989 年，说孙大午支持动乱。后来县公安局和纪检委来人，公安局长都出面了。这是政治上的报复。至于侮辱啊、造谣啊就别说了。他派一个人来看我，那人是当兵的，以前和我关系非常好。我家属给他拿烟倒水，我刚一扭头，他走到我跟前说，叔你抽烟不？我说我不抽，‘当’的一锤打来了，我手一捂当时一根手指就碎了。我拿脚踹他，他拿出个东西就打我的腿，当时腿没打折，但抽去了一块肉。他们来了两个人，当时警卫和我家属抱住了一个。公安局怎么处理呢？说是我们在打架，按打架处理，他治他的伤，我治我的伤。打我的人在派出所待两天后就放了，我住了 3 个月医院，最后就不了了之。”“还有，一镇党委书记跟我要一辆车，我没有给他，在我修路的时候，他指使人给我断道。修路花了 160 万元，几乎都是大午集团出的。当时 3 个村庄 8 处断道，我问一个老农民为什么断道，他说：‘是支书让我来的，我是一个老共产党员，我是听支部话的，一天给我 10 元钱。’大午集团是中国农学会科教兴村培训基地，我就请了一大领导到大午集团看看。事情很快就解决了。当领导问我办企业有什么困难时，我说：‘没有困难，挺好，当地政府非常支持。’当时这书记就在旁边。可这个事还没完。附近几个村庄，我一个一个谈判。首先107国道附近的那个村说：你们得给我办点事。我问办什么事，他说：‘再给我们架个桥，你不是架了一个桥吗？你给我们把风水冲了，本来我们这西边跟你们那边不通路的，你们那边是封闭的，通路后把我们的风水冲了……’后来我就给他们又架了一个桥。还有一个村，我问：‘你们为什么给断道？’他们说：‘你把我们这个村一块捎带着给修修吧。’我一咬牙，就给他们修了，政府也没出钱。第三个村，大条件就是给村里修一段水泥路。后来共同意见：我们这好说，乡里乡亲的。你得先和镇里关系处好。我说是，我尽量吧。”“这样类似的事情太多了。我跟我的业务员和干部说：‘什么是勇敢？勇敢就是门难进，你能进；脸难看，你能看；话难听，你能听；事难办，你把它办成。’我们就是凭着这股劲，成就了今天的大午集团。”



《风雨兼程孙大午》这篇文章中写道：财富的积累速度使孙大午充满成功的喜悦，他和妻子到全国各地痛快地旅行，享受着致富带来的好生活。不过，享受的同时，孙大午也陷入深深的思索：赚到一万块钱的时候去幸福地炫耀，1987年赚到十几万元的时候就买了保险柜藏到家里；三四年后，到几百万元的时候才知道存到银行里，再赚多了，钱就是一个数字概念了。虽然已经成为富豪，但是钱却不知道怎么花了。

《中华联合商报》的记者王丽静在这篇文章中说：他和妻子想到去北京买房，但还是花不完那些钱。于是就想到办敬老院、孤儿院，然而因种种原因最终并未成行。1992年是改变中国民企命运的关键一年。当年1月18日到2月

28日，邓小平发表足以影响中国发展进程的著名“南方讲话”，鼓励大家抛弃“公私之争”，号召先富。同年的1992年，孙大午提出“私营企业不姓私，私营只是一种生产经营形式，它创造的是社会财富”，以及“不以营利为目的，而以发展为目的”的企业发展理念，坚定地把企业引向以先富带动后富的路子。他创办的大午技校免费向社会培养人才，即担负着这一层面的“共富”含义，迅速成为乡亲们致富的知识起点。谈及当初的种种想法，孙大午感慨地说，当钱财拥有到一定程度的时候，会发现个人的需求其实非常小；私营企业只是一种生产经营方式和社会财富形式，最终还要返还社会。他办起了免费的大午技校，全国各地都有他们的学员，对贫困山区来的学生还管吃管住。这些人现在都成了他们的客户，大午集团带动着1600多个养殖户、养鸡厂。1998年，孙大午又投资3000多万元办起了大午中学，两座气派的教学楼、宿舍楼在大午城拔地而起，迎来了第一届高中生156人，这就是大午学校的创办！短短三年半的时间，学校由156人发展成1800多人，集幼儿园、小学、初中、高中于一体的综合学校，千人餐厅、自助餐厅、教学楼、宿舍楼也成为校园中几座漂亮的楼宇。大午集团员工孩子在这里上学可享受有差别的补贴。除此之外，大午城从医疗保障到住房都有很“福利”的地方：员工医疗，一个月交2块钱，可以拿2万元的医保；住房也有补贴，职工结婚免费享受70平方米的住房，也可以买大午集团的商品房，4.5万元买100平方米，集团再补贴1.5万元，房产都归个人。

王丽静在《风雨兼程孙大午》中既记述了孙大午的成功，同时也记述了他人生的低谷。

文中写道：2003 年，对于孙大午和他的大午集团而言，是刻骨铭心的一年。事情起源于大午集团轰动一时的“非法吸收公众存款”事件。据孙大午介绍，集团自成立以来只得到过两笔贷款，总计 430 万元，都是国家政策性贴息贷款。被资金困扰了多年的孙大午发明了自己的借贷模式。“当时贷款很难，一开始的 1986 年、1987 年是向农民借粮，办‘粮食银行’，在粮食价钱上随高不随低，即农民按当时市场价存入粮食银行，到期折款时若粮价降低则按原收购价返还；若粮价高涨则按涨后市场价。在这个原则下，农民可以选择收回已存粮食，亦可折成现款。1996 年、1997 年物价稳定后，农民就不存粮食了，集团就以高于银行的利息，自动将粮食转成存款，并生成利息。”孙大午说，正是这种由企业内部职工和亲戚开始的“粮食银行”，积少成多，最后形成一个库存 3000 万斤粮食的大粮库。之后，粮食欠条成现金欠条。由于集团对借款归还非常负责，信誉较佳，附近的村民也被吸引进“粮食银行”之内，于是这种融资方式变成孙大午的“大午模式”。“大午模式”因融资难而生，也致使孙大午被监禁。2003 年 5 月 29 日，他被指控向三千多户农民借款达一亿八千多万元，并以非法集资的罪名遭到收押，孙大午的两位弟弟，大午集团副董事长孙志华与总经理孙德华和集团的财务处长都被扣留。最终徐水县法院以非法吸收公众存款的罪名判处孙大午有期徒刑 3 年、缓刑 4 年，罚金 10 万元，大午集团同时也被判处罚金三十万元。尽管获得媒体、农民、学者与网友的支持，但他选择不再上诉。被监禁期间，他考虑最多的是自己年逾八旬的父母。其实，孙大午个性坚强甚至倔犟，但在律师陈词后，铮铮硬汉当场落泪。“当时觉得自己很委屈。法律应该是道德的底线，只有违反道德才会受到法律的审判。”孙大午说，“打击的不是我个人，而是整个社会的财富。上千人失业，几千的学生没有学上，这已经不是孙大午个人的得失。”

现在，“劫后重生”的大午集团每天迎接着络绎不绝的商客，他们或是经商洽谈，或是学习经验。“无权一身轻”的孙大午则致力于宣讲自己在大午集团企业管理和企业文化传播上的独特心得感悟。

孙大午的案头放着很多书籍，读书之余，不断地与来自各方的学者、高人探讨人生的价值和自己的信仰。“座上客常满，杯中酒不空。”孙大午说，自己确实很忙。

王丽静在文章中说：现在孙大午说起曾经的这段不愉快经历有些释然，“我是因祸得福，这个事件把公司的实力公开，我有2个亿的资产，学校固定资产就盘了3280万，但欠款只有1200万，另外还有5个公司、17个分厂的资产。”公司的良好运转和抗风险能力，让孙大午充满欣慰。但是，孙大午也不得不承认，这个事件让大午集团的发展至少迟缓3年。挫折后的孙大午对自己的事业进行了重新审视，一项全新的企业管理制度在经历坎坷后出台。这便是孙大午所言世界上绝无仅有的民营企业经营管理制度，他称之为“私企君主立宪制”。不过，这项制度的酝酿出台颇费一番脑筋。孙大午的动力直接来源于一条这样的消息：“全球大部分超级富豪过去20年都不能守住巨额财富，‘败家率’达80%。”这让他震撼，“有品牌百年，没有股权百年，产权百年就更难做到了。”于是，孙大午想到了现在企业普遍实行的股份制，但仍感遗憾：员工需要的是激励的机制，除了利益上的激励，还有精神上的激励。“我就想到了英国君主立宪制、美国的议会制度等政治制度，同时把福特家族管理制度，一并嫁接到自己的企业经营上。”孙大午自豪地说，这是自己对企业经营管理制度“前无古人的创新”。按照孙大午的构想，大午集团实行经营权、所有权、决策权三权分立，从2004年11月起，这项制度试行近3个月，并于2005年2月28日在大午集团进行了第一届董事会选举。2006年12月16日，进行了第二届董事会的选举。尽管这种制度的实行普遍性和持续性遭到一些经济学家的质疑，不过孙大午自信地说：“（这个制度）目前运作很好，没有发现有什么问题。”

经过20多年的自我积累，滚动发展，大午现已成为集养殖业、种植业、加工业、工业、教育业、旅游业为一体的大型民营企业。集团占地面积133万平方米，员工1600余人，固定资产1.2亿元，年产值达1.5亿元。集团下辖大午饲料有限公司、大午种禽有限公司、大午食品有限公司、大午肥业有限公司、大午水业公司、大午农业育种公司和大午中学、大午技校。1995年被国家工商总局评为全国500家最大私营企业之一；1996年被河北省政府评为河北省骨干乡镇企业；2005年被中国工商联等4家权威机构评为“中国最具生命力百强企业”第66位；大午产品连续两次被评为“河北名牌产品”，2005年大午牌商标被河北省工商局认定为“河北省著名商标”。

孙大午说，希望这个企业将来代代传续下去，大午集团是属于企业所有的人，属于整个社会。

## 第三节　从创新、实干、爱农看孙大午的“儒商”精神

《中国企业报》的记者刘海梅曾著文说：孙大午以传统儒家思想、当代法制思想、社会主义共同富裕思想三结合作为企业治厂思想，“坚持以人为本，提倡先学做人，后学做事，勤勤恳恳做事，实实在在做人”。集团首创“私企君宪制”，实现了企业所有权与经营管理权、决策权的分离，为私企传承探索了有效途径，为集团长期稳定发展奠定了制度基础。他同时也被描述为一个优秀的民营企业家，一个为中国农民的前途和命运忧心忡忡的思想者，被人称为“中国企业家的良心”。声称自己为儒商，事实上，他也身体力行地做到了或者正在尽自己的所能：本是一个亿万富翁，却过着苦行僧一样的生活，当了董事长还帮工人掏粪；本该以追逐利润为第一要务，却办起免费的农民技校、赔钱的大午中学，赔多少都不在乎；深知商场、官场潜规则，手中毫无政治资源可依仗，却不肯和光同尘，耿直倔犟；本可以只管着把自己的企业，踏踏实实地做大、做强，却硬是要努力实现一个“桃花源”，与劳苦民众共产、共有、共享……

上面已经提到的，是他首创的私企立宪引领了民营企业改革！

刘海梅在《孙大午为农而生》中记述：孙大午说，老板老了，私有企业如何传承下去，目前几乎所有的企业都在思索这个问题。当然，我还可以干上 10 年，但是这个问题还是早解决好。是股份制？家族股份制？家属股份制还

是全员股份制、外资股份制？孙大午都探索过，可后来都一一否决了。“让儿子接班，我也不赞成。私营企业不姓私，在企业发展过程中，很多人和我一起创业，有的人在企业一干就是 20 年，如果完全把企业转交给儿子，这很不公平。因此，我就借鉴了英国、日本的政治体制，实行‘私企君主立宪制’，这是我自己定义的。所谓私企立宪就是实行三权分立。所谓三权分立，就是把企业的所有权、决策权和经营权分开。我和妻子拥有企业的产权，后代继承；主要由家族成员组成的监事会对董事会、理事会进行监督，但是无权决策；由企业内部成员选举产生的董事组成董事会，行使企业的投资等决策权，但无权干涉经营；由分公司一把手组成的理事会则执行董事会的决策，行使经营权。监事会、董事会和理事会共同制定一部企业内部的‘宪法’，以确定和保障实施这一制度。”“以前谁是老板谁当家，现在是谁有本事谁当家。这项制度给企业的所有精英人才提供了一个平等竞争机制，人人都有机会进入最高决策层，一届任期 4 年；如果能够当选，干出成绩，对自己的待遇、前途都好。从目前的工资水平来看，中层干部与职工差距为 2 倍，高层干部与中层干部差距为 2 倍，企业最高层与职工之间待遇的差距应该为 10 倍。”当初，很多企业成员都是抱着边看边走的态度来看待企业这一改革的。因为这毕竟是孙大午一个人的企业，各种怀疑声也不断。但自从这项制度于 2005 年 2 月 28 日正式实施以来，目前运行没有任何矛盾，公司治理结构得到了大的改善，解决了家族的矛盾和元老的矛盾，而且把每个人的积极性都调动了起来，确实有利于企业的长远发展。

现在，全国很多学者、专家、企业和各大经济媒体都纷纷到大午集团考察这一制度，说明这一制度已经产生了重大的影响。

除了在管理制度上有着独到的创新，孙大午也是一位为最底层民众奔走呐喊的企业家。刘海梅的文章中写道：孙大午说，一个企业家之所以称其为企业家，不在于他能赚多少钱，而在于他的社会责任感和使命意识。就像“吃饭是为了活着，活着不是为了吃饭”一样，企业的目的不应该仅仅是赚钱，应该是既为社会提供物质财富也为社会提供精神财富，它的意义在于追求财富的最大化，而不是利润的最大化。企业通过实实在在地为社会提供服务、创造财富体现自身的价值和意义。我对企业家的定位是：企业家应该追求财富的最大化，包括利润最佳化、人文价值最大化、生态环境价值最大化。企业小的时候是自己的，大了就是社会的；企业亏损是自己的，盈利了就是社会的。孙大午身体力行地做到了这些，特别是在深深关注最底层劳苦民众的前途和命运上，其他企业家是无法相比的。孙大午讲道，农民穷是因为农民没有钱，农民没有钱是因为农民没事干，没事干是因为有事没人干，没人干是因为不能干、不敢干。他也曾经在一次演讲中直言，压在中国农民头上有八座大山。他曾经说，“小钱”在生产领域，“大钱”在流动服务领域。农业生产很难盈利，甚至往往是负盈利，能够有5%的盈利就已经不错了。商业流通领域的利润可以达40%～100%。服务业的利润在40%～200%之间，而且基本上没有风险。现在的实际情况是部门法律都可以上路、上市、扣本、扣人、罚款。搞经营的都有体会：肚子小的气死，胆量小的吓死，傻搞的累死，不出门的穷死。中国农村问题的实质是权力和资本对农民劳动权利的限制和剥夺。要把农民的手脚从种粮中解放出来。像一些发达国家那样，只需要一小部分农民种粮食，把大部分劳力转移到第二产业、第三产业中去，这样社会就会出现百业兴旺，农民有事干、有钱花的繁荣局面。这样国家就不需要投入资金、技术、人力，农民有了劳动发展空间，将会如 1978 年全国农民的第二次解放，呈现一片繁荣，全国农村会万马奔腾。农民放开了手脚，能自由劳动，有事干、有钱花，就能改变目前城乡差距和贫富差距不断扩大、农民购买力低的局面。我国不但是世界大工厂，也是世界的大市场，这样到 2020 年 GDP 翻两番的目标才能实现。



《孙大午为农而生》中说道：对于未来的目标和发展方向，孙大午一直坚守着两个梦想。一是建一个大午城，一个祥和的社区。他说，原来设想 2005 年建成大午城，因为出了事，所以会推迟 2～3 年。也就是聚集人口达到一万人（现在有 5000 多人）、就业人口 3000～5000 人，产值3 亿～5 亿元。大家很祥和地生活，这里是一块净土，是一个好人相聚的地方。这里“天是蓝的，水是甜的，人是善良的”，我们很爱这个地方。尤其是出事以后，他更坚信了这个信念，就是要走共同富裕的道路。遇到那么大的灾难都没有摧垮我们。一个检察院检察长对孙大午说，你们那儿简直是个奇迹，很多地方把董事长一抓，企业很快就垮，抓了你们这么多人，企业还没事。当时整个集团高层全被抓，财务上的账目全部被抄走了。各厂在没有账目的情况下，一天几十万的流水账，等后来重新建账时只差 2000 元对不上。“我确实受到了太多的感动，为全国给我的同情和支持感动，也为大午集团的员工和中层干部所感动：大家都把大午集团当成自己的家园，没有我孙大午，大家也要维护这块净土，所以我们闯过了难关。我说做好人是福，做好人难一定要做好人，做好事难一定要做好事。我也这样教育我的亲人和我的下属。”孙大午感慨地说。“回首噩梦已经年，亲人仍旧泪涟涟。别说晴天愁阴影，本分农民耕田难！自由劳动生财富，淳风化雨多善男。不是大午花一点，万国遍呈桃花源。”这首诗说明了他在一片荒地上自由劳动生财富，没有贷款，每年给国家上缴百万元的税。1000多农民创造出这么一大笔财富。孙大午说他深信“桃花源”这个梦想是能够实现的。二是“安得淳风化淋雨，遍沐人间共和年。”实现第二个梦想很艰巨，孙大午寄希望于他的学生们。现在大午中学有3000多名学生，孙大午想建成一个“善天下”的学校。他希望社会和谐，不希望社会争斗。他说，只有在一个和谐的社会里面，孔子的仁政、孟子的“民本”思想、朱元璋“剥皮灌草”惩治贪官的目的、康有为的《大同书》、孙中山的“天下为公”、毛泽东的“寰球同此凉热”才能实现，一定要走向社会共和。

孙大午在司马英华所著的《风雨孙大午》一书的最后扉页上写道：



大午集团搞的可以说是桃花源的生活方式，但绝不是乌托邦的生活方式。我也没有乌托邦情结。我追求的是一种自由和谐的社会形态。剖析一下大午集团，这儿原来也是一个独立的封闭的空间。

20年前，这里是块荒地，水电不通，道路不通，远离管制也远离尘嚣。但是，实际上我们的创业空间又非常狭窄，与政府各部门发生的冲突也很多。就我本人来说，我的作用就是撑起这个劳动空间，对人们的生活和生产经营，我没有真正干涉过。我让企业顺其自然，信马由缰地发展，人们的生活也保持一种很自然的和谐的状态。

我提到以共同富裕为归宿，就是要避开相同富裕。共同富裕不是相同富裕，而是有差别的富裕，生产资料的不平等能带来生活资料的大体平等。人们在生活上没有太大的差别，在政治上不讲高低贵贱，在企业中民主决策、专制执行，就可以形成一个可持续发展的比较和谐的社区。



记者刘海梅总结说，每一个从泥土里爬出来的人，在离开故土以后都会想着为那片生他养他的黄土地做点事。对此，很多的人都会想到，只是有些人想到了没有做到，而有些人想到了也做到了。孙大午就是这个想到了也确实做到了的人。这就是田园情结。这是那些从小生活优越，生活在大城市里，过着衣来伸手、饭来张口的人想不到，更做不到的。这就是根，是叶对根的留恋、坚守与回归。孙大午虽然有时也感觉疲倦，但他依然执著坚守自己的梦想。与其说是他的倔犟，不如说是泥土赋予了他意志、力量、责任。作为我们，作为每一个有良知的中国公民都应该对他表示衷心的祝福。

是啊，一个农民出身的学者型企业家，他走过的道路何等曲折、何等悲壮。这是一个时代的烙印，也是孙大午的精神所在！

# 结 束 语

2009年是新中国成立60周年的大喜之年，而逝去的2008年是我们整个民族为之记忆深刻的一年，从年初到年末都是那么的值得我们去铭记。从年初的南方风雪灾害，到“藏独”势力猖獗；从胶济铁路列车出轨惨剧，到奥运圣火海外传递受阻；本是灿烂春末的5月，却突降天灾，“5·12大地震”让所有中国人的心凝结在了一起；在一段段心酸之中，中国人昂首走过改革开放30周年的光辉历程。30年的辉煌业绩成为我们战胜那些天灾人祸的坚强后盾，30年的累累硕果汇成我们伟大祖国欣欣向荣的不竭动力。

在我们伟大祖国30年的改革历程中，可爱的农民群体为之作出了巨大的贡献和牺牲。在纪念改革开放30年的时刻，在迎接共和国60华诞的特殊日子，我们有理由去歌颂那些在最最平凡的岗位上默默地为祖国事业发展而任劳任怨的农民兄弟；有理由去纪念那些在改革大潮中第一批敢于吃螃蟹的弄潮儿，他们的奋斗精神，他们的果敢勇气，他们的动人故事，他们的先进事例都将成为我们工作、学习中最典范的榜样。

历史镜头推回到30年前。农村吃大锅饭，搞大帮轰，农民终年披星戴月，严寒酷暑，流血流汗，还吃不饱肚子。城里人吃饭穿衣也要凭粮票、布票、油票、肉票、蛋票，限量供应；谁要想结婚买个手表、自行车，更要找票证，"走后门"。那是30年前中国人的生活情景。中国人勤劳、聪明，怎么连自己的温饱都解决不了？因为头脑被禁锢着，手脚被捆绑着。现在讲改革开放，已是一个很普通的词汇了，而在30年前不啻石破天惊。当村里办一个小工厂、搞一点运输、手艺人外出打几天工，被当作资本主义尾巴割掉时，当小镇上集贸市场被取消，农村老大妈挎着一篮自家的鸡蛋准备换几个钱而被赶得东躲西藏时，除了等着受穷还能有什么非分之想。现在的年轻人可能感到莫名其妙，感到不可思议，但那是历史，那是真实，那是当年中国人的困惑和无奈。



如果不搞改革，还是当年的干法，真不知道乡亲们今天怎样过活。只有改革开放，才能发展中国；只有改革开放，才能富裕中国；只有改革开放，才能改善中国老百姓的生活。因此，我们说历史总是无法想象的，就像我们无法想象我们的命运一样。1978年的中国，掀起震惊世界的一幕——这一年，中国开始了改革开放，开始了中国特色社会主义道路的探索。这之后的30年间，我们用自己的智慧、力量，创造了人类文明史上的奇迹。这30年来，中国跻身于中等收入国家，人民生活水平一改停滞状态，得到了明显的提高，贫困人口数大幅减少；这30年来，中国经济以超过10%的年增长率高速发展，一个国民经济濒于崩溃的贫弱国家一跃成长为全球第三大经济体；这30年来，中国融入全球化的方针与建立市场经济的方针并举，中国的内政和外交相互促进，相辅相成。这30年来，我们在经济上的成就有目共睹，在社会进步史上无双。

10位草根英雄，10位30年改革开放亲历者的创业之路，为我们勾勒出30年的时代变迁。实现中华民族的伟大复兴，没有占据人口大多数的农民的大发展，是难以想象的；要想在以市场经济为导向的改革中实现跨越，没有农村的崛起，没有城乡经济社会的协调发展，同样是难以想象的。30年来，中国农村发生了巨大而深刻的变化。无论是农民人均收入的不断提高，还是农业综合生产能力不断加强；无论是农产品流通的放活，还是农村经济的全面繁荣，归根结底，是党中央英明领导农村改革不断深化的结果，是亿万农民艰苦奋斗拼搏创新的成果，是广大干部群众披肝沥胆团结奋进的结晶。回顾30年，我国农村改革，一步一个脚印，不断向纵深迈进。第一步是以家庭承包经营为核心，建立农村基本经济制度和市场机制，保障农民生产经营自主权，奠定了农村市场经济的基础。第二步是以农村税费改革为核心，调整国民收入分配关系。如今的农村改革，是以促进农村上层建筑变革为核心，实行农村综合改革，解决农村上层建筑与经济基础不相适应的一些深层次问题，着力建设更加美好的社会主义新农村。

当前，中国农村改革站在新的历史起点上，必须适应中国农村经济社会发展的新形势，坚定不移走中国特色农业现代化道路，毫不松懈地继续推进农村改革，努力开创农村改革发展的新局面。

# 参考文献

安踏总裁丁志忠．学出来的鞋王．中国民营科技与经济，2007（8）.

柴国荣，杨建平，邱继宝．“国宝”开始二次飞跃．中国经济时报，2004-10-27.

陈昌茂，余耀中，施广勇．傻子瓜子起始至今的社会轨迹及对我国民营经济 16 年历程的思考与启示．理论导刊，1996（5）.

陈建萍．韩伟：我的目标是“世界鸡王”．人民政协报，2001-05-10（7）.

陈蕾，鲁冠球．铁匠富豪的国际化情结．中国投资，2006（6）.

戴鹏，王明浩．共产党人的楷模——史来贺（下）．人民日报，2003-09-16.

丁先军，丁利敏．带领农民共同致富的好书记史来贺．中华魂.

东耳，鲁冠球．不老的神话．业界精英（纪实版），2005（11）.

何洪锡，孙海燕，吴仁宝．中国乡村改革的先锋．经济参考报，2008-09-23（4）.

吉吉．被小平关注的“傻子”年广九．民营经济报，2008-04-28（2）.

季红，郭金芝．韩伟：新农村建设的领跑者．经济导刊，2006（7）.

季颖．爱在奉献中升华——记山东省寿光市三元朱村党支部书记王乐义．今日信息报，2006-02-22（007）.

老成．追梦——青年企业家邱继宝和他的“飞跃”集团．职业技术教育，2002（17）.

李杰，王明浩．共产党人的楷模——史来贺（上）．人民日报，2003-09-15.

李力，董建矿．史来贺和刘庄：一个人和一个村．河南日报，2008-11-20（13）.

李琴．韩伟：小小鸡蛋成就商业传奇．中华工商时报，2007-12-13（9）.

李阳泉．邱继宝：从修鞋匠到亿万富豪．中国集体经济，2003（10）.

李予阳．新农村道路的探索者——吴仁宝．经济日报，2006-01-13（001）.

刘海梅．孙大午为农而生．中国企业报，2006-04-26（001）.

刘鹤翔．丁志忠：我们都是草根英雄．中国现代企业报，2008-04-04（A04）.

马文方．邱继宝：一个修鞋匠的中国梦．中国计算机报，2007-01-08（A16）.

铭星，高鹏，石磊．社会主义新农村建设的好带头人——记党的15、16、17大代表，山东省寿光市三元朱村党支部书记王乐义．中国特产报，2008-01-04（B01）.

南方安踏总裁丁志忠．17岁开始的创富传奇．商务时报，2007-08-25（8）.

吴增祥．浓浓绿色情，拳拳富民心——访全国劳动模范“中国蔬菜大王”王乐义．科技致富向导，2008（5）.

彭斐．邓小平三次点名的傻子瓜子．REPORTERS' NOTES，2008（10）.

秦沣．宋作文和他的“南山”王国．新西部，2008（2-3）.

邱继宝．“飞跃”自己．科技智囊，2003（9）.

全秋梅．孙大午的新农村畅想．第一财经日报，2006-08-03（A01）.

司马英华．风雨孙大午．北京：中国发展出版社，2007.9.

宋光茂．王乐义——不断向新境界攀登．人民日报，2007-10-09（002）.

孙明河，魏东．一个中国农民的创造——记“冬暖蔬菜大棚之父”王乐义（上）．科技日报，2006-01-20（003）.

汤耀国．吴仁宝：走出自己的路．瞭望新闻周刊，2006（1）.

唐军，吴力子．中国经验——改革开放三十周年的社会建设实践．西安：陕西人民出版社，2008.11.

陶铠．改革造就农民企业家——兼论鲁冠球的改革与成才之路.

天鸣．邱继宝：农民的飞跃——一个缝纫机大王的经典故事．大经贸，2005（7）.

王丽静．风雨兼程孙大午．中国联合商报，2007-03-12（021）.

王伟，喜娥．河南新乡刘庄农民的幸福生活．经济日报，2006—08-08（9）.

魏黎明．从小作坊到市值 200 亿：丁志忠评述安踏蜕变故事．经济观察报，2008-03-10（026）.

新乡刘庄之巨变：村民住进人均120平米花园别墅．中国共产党新闻网，2008.4.20.

徐峰．为建设社会主义新农村做贡献——访全国人大代表、山东南山集团董事长宋作文．中国纺织报，2008-03-03（1）.

杨书晨，和俊伟．史来贺——把根深扎在泥土中的常青树．决策探索，1998（6）.

姚远．“傻子瓜子”见证私营经济发展历程. 党史纵览，2008.

张牧涵．鲁冠球：商界常青树．中国贸易报，2008-09-02（004）.

张青．安踏与丁志忠．创业文化，2007（4）.

张青．丁志忠：600双鞋闯北京．环球人物，2006（9）.

张晓晶．王乐义：地道农民的科技情结．市场报：2006-02-10（005）.

郑言．50只鸡起家的亿万富翁——“世界鸡王”韩伟．共产党员，2007（1）.

中国红．安踏：扎根草根演绎不凡．中国现代企业报：2007-09-04（A04）.

周永梅．韩伟：50只鸡孵出的亿万富翁．山西农业（致富科技），2006（26）.

周勇刚．韩伟登上联合国讲坛．中华工商时报：2008-05-13（012）.

邹文珠．刘庄村五十年红旗愈飘愈艳靠什么——与史来贺深谈启示录．河南日报，2001-07-23（7）.

邹文珠．刘庄村为何五十年红旗不倒．领导科学，2002（1）.